Elisabeth Dude

HEILEN MIT DER CHRISTUSKRAFT

Geistige Heilung von
Körper - Seele - Geist

Verlag für kosmisches Bewußtsein

Die Autorin (handschriftlich)

Die hier vorgestellten Übungen zur geistigen Heilung beruhen auf jahrelangen Erfahrungen.
~~Der Autor~~ und der Verlag übernehmen keinerlei Haftung.

Bedenke stets: Im Zweifels- oder Notfall solltest du einen Arzt oder Heilpraktiker aufsuchen.

Die Deutsche Bibliothek -CIP- Einheitsaufnahme

Dude, Elisabeth:
Heilen mit der Christuskraft.

Orig.-Ausg., 1. Aufl. - Düsseldorf, 1998

ISBN 3-00-002479-4

© Elisabeth Dude, Verlag für kosmisches Bewußtsein
Herzogstraße 7, 40217 Düsseldorf
Telefon u. Fax 0211-38 26 93

1. Auflage 1998

Titelgestaltung: Manfred Boelke, Palma de Mallorca

Satz u. Layout: Verlag für kosmisches Bewußtsein, Düsseldorf

Alle Rechte vorbehalten, Printed in Germany

Zum Inhalt

	Seite
Danksagung	5
Vorwort aus der geistigen Welt	7
Einführung	11
Geistheilen ist göttliche Liebe	19
Geschichte und Hintergründe der geistigen Heilung	25
Krankheit - Schicksal oder Chance?	39
Krankheit ensteht auf verschiedenen Ebenen	47
Wirkungsweise der Geistheilung	55
Die Aura	61
Die Chakren	69
Chakrameditation	89
Jesusbotschaft	93
Sensibilisierung deiner Hände	99
Farbmeditation	101
Kontaktheilung	103
Erkrankungen der Wirbelsäule	109
Kopfschmerzen	119
Hautkrankheiten	123
Magen- und Darmerkrankungen	124
Erkältungskrankheiten	131
Krebs	135

Karma 143

Du und deine Geistärzte 149

Fernheilung 153

Dein Heilungstempel 157

Jesusbotschaft 163

Epilog: Gottesbotschaft 165

ℐch danke...

... der geistigen Welt für ihre liebevolle Betreuung und Hilfe.

Mein besonderer Dank gilt Jesus und Meister Eckhart für ihre liebevolle Begleitung.

Ich danke allen Leserinnen und Lesern, die meine Bücher: „Finde die Liebe in Dir", „Der Weg der unsterblichen Seele" und „Du bist ein Wunder - lebe es!" gelesen haben, für das wunderbare Feedback.

Ich danke allen, die meine Bücher in Liebe verschenkt oder weiterempfohlen haben.

Ich danke all denen, die an ihrem Bewußtsein gearbeitet haben.

Ich danke allen, die Licht und Liebe ausgesandt haben.

Ich danke all meinen Seminarteilnehmerinnen- und teilnehmern für ihr Vertrauen.

Ich danke allen Menschen, die zu einem Clearing zu mir gekommen sind und dazu beigetragen haben, viele Seelen ins Licht zu führen.

Ich danke allen Menschen, die bereit sind, der Welt Licht, Liebe und Heilung zu senden.

Ich danke allen meinen Freunden für die Unterstützung und die Liebe, die sie mir entgegenbringen.

Ich schreibe dieses Buch wieder in der Du-Form, denn ich möchte zu eurer göttlichen, unsterblichen Seele sprechen. Wiederholungen sind nicht zufällig, sondern dienen der Einprägsamkeit.

Vorwort aus der geistigen Welt

Geliebte Brüder und Schwestern, Friede sei mit euch. Der Friede des Höchsten, der Friede des Schöpfers allen Seins. Ich gebe euch meine Liebe. Möge meine Liebe die Liebe in euren Herzen entzünden. Die Liebe ist in euch, denn in euch ist der Christus, der die reine göttliche Liebe repräsentiert. Er ist in euch, er ist in mir und in allen Wesen. Es ist der Christus in euch, der euch helfen möchte, wieder heil und vollkommen zu werden. So vollkommen, wie Gott, euer Vater, euch schuf.

Ihr Lieben, wenn ihr nur Glauben hättet, wenn ihr nur auf diesen göttlichen Aspekt in euch vertrauen könntet!

Ihr, die ihr dieses Buch lest, seid bereit, die geistige Heilung zu erlernen. Es wird euch helfen, euch selbst und eure Brüder und Schwestern zu heilen. Es wird euch zeigen, auf welcher Ebene Krankheiten entstehen.

Ich bin nicht weit von euch entfernt, sondern jedem von euch ganz nah. Es bedarf nur eines Gedankens, um mich zu euch zu rufen, damit ich euch helfen kann. Es ist mein Bestreben, euch zu helfen, die Liebe zu leben, den inneren Frieden zu finden, und somit wieder heil zu werden. Ihr seid die Lichtboten und Lichtträger, die jetzt aufgerufen sind, mitzuhelfen an der Heilung der Welt. Das Weltbewußtsein bedarf dringend dieser Heilung. Jeder einzelne wird gebeten mitzuhelfen. Wir brauchen euch, und ihr braucht uns. So ist es eine liebevolle Zusammenarbeit zum Wohle eurer Brüder und Schwestern.

Es ist wichtig für euch, daß ihr regelmäßig in die Stille geht. Nur in der Stille, ihr Lieben, werdet ihr die göttliche Kraft finden, die in euch ist und nur darauf wartet, von euch zum Ausdruck gebracht zu werden. Sie wurde euch gegeben, damit ihr sie einsetzt. Laßt sie nicht länger brachliegen. Um sie anwenden zu können, müßt ihr sie zunächst einmal in euch finden. So rate ich euch, daß ihr täglich ein wenig eurer Zeit dazu verwendet, um euch in der Stille mit der göttlichen Kraft und der göttlichen Liebe zu verbinden. Denn es ist diese göttlichen Liebe allein, die heilt.

Ihr Menschen seid der Meinung, daß ihr euch von der göttlichen Liebe abgetrennt habt. Durch diesen Glauben, der nur eine Illusion ist, seid ihr in die Angst und in das Nichtteilsein hineingekommen. Eine Trennung von Gott, ihr Lieben, ist niemals möglich. Gott ist die alles aktivierende Kraft im Universum, ohne die nichts existieren könnte.

Seht ihr, jeder Mensch trägt diese göttliche Liebe und die göttliche Kraft in sich. Es ist eure Aufgabe, diese Liebe in euch zu finden und zu leben und die göttliche Kraft zum Wohle des Ganzen anzuwenden. Wenn ihr aus dieser Liebe heraus lebt und handelt, werdet ihr feststellen, wie euer ganzes Leben voller Freude und Harmonie ist. Krankheiten haben dann in eurem Leben keinen Platz mehr. Wenn die göttliche Liebe alles Sein durchdringt, euer ganzes Leben ausfüllt und ihr tief in euch diese Liebe spürt, so seid ihr vollkommen, wie unser Vater vollkommen ist.

Ihr befindet euch in einer Zeit des Wandels, der Verwandlung, in der es viele Turbulenzen gibt, aber auf der anderen Seite der Waagschale auch viel Licht und Liebe. So bitte ich euch, findet die Liebe in euch, und sendet sie aus, damit sie die

Liebe in euren Brüdern und Schwestern entzünden möge. Auf diese Weise wird die Liebe immer mehr die Oberhand gewinnen und Angst und Schrecken vertreiben. Ich bin gekommen, um euch bei der geistigen Heilung zu helfen.

Ich möchte euch mit den Grundlagen der geistigen Heilung aus der Sicht der geistigen Welt vertraut machen.

In diesen Zeiten des Wandels ist es notwendig, nach anderen Heilungsmöglichkeiten zu suchen. Es entstehen immer neue Krankheiten, die mit natürlichen Mitteln und der Schulmedizin nicht zu heilen sind. Hier wirkt allein die geistige Heilung.

Ihr alle besteht aus Körper, Seele und Geist. Viele Menschen identifizieren sich nur mit ihrem Körper und ihrer Seele. Sie wissen nicht um ihre Geistigkeit. Krankheiten entstehen auf den verschiedensten Ebenen und müssen auf der Ebene geheilt werden, auf der sie enstanden sind und nicht dort, wo sie sich auswirken.

Die geistige Ebene ist die höchste Ebene, von der aus eine Heilung auf allen anderen Ebenen geschehen kann. Damit ist nicht die Ebene des Intellekts gemeint, sondern die spirituelle.

Auf diesen geistigen Ebenen gibt es viele Geistärzte, die an eurer Seite stehen, um euch zu raten und zu helfen. Bedenkt, daß wir hier in diesen geistigen Reichen einen viel größeren Überblick haben als ihr Menschenkinder. Wir können erkennen, auf welcher Ebene ein Mensch der Heilung bedarf. Wir wissen auch, welches das krankmachende Muster ist. Es ist ein innerer Konflikt zwischen der äußeren Persönlichkeit und dem Hohen Selbst. Wenn der Mensch bereit ist, dieses Muster anzusehen und daran zu arbeiten, wird die Krankheit überflüssig. Hier kann Heilung geschehen.

So bitte ich euch, mich zu rufen, wenn ihr meiner Hilfe bedürft. Ich bin nicht fern von euch, sondern zu jeder Zeit ganz nah. Ich sende die Liebe aus meinem Herzen zu euren Herzen. Möge sie euch umhüllen, möge sie euch schützen. Möge sie euch helfen, liebevoller zu werden. Möge sie euch helfen, euer göttliches Potential in all seiner Größe und Herrlichkeit zu entdecken und zu leben. So segne ich euch denn mit dem Gruß des Friedens. Friede sei mit euch!

Jesus

Einführung

$\mathcal{I}$ch bin Heilpraktikerin mit eigener Praxis und bin seit vielen Jahren als spirituelle Lehrerin tätig. Ich gebe Seminare im In- und Ausland. Seit langem arbeite ich auch als Medium für die geistige Welt. Ich habe es mir zur Aufgabe gemacht, die Menschen mit ihrer göttlichen Quelle in Verbindung zu bringen und das wunderbare Potential, das in jedem Menschen verborgen ist, zu fördern.

Ich spreche jährlich zu sehr vielen Menschen und komme immer wieder zu der Überzeugung, daß nur sehr wenige Menschen einen umfassenden Überblick über das kosmische Geschehen haben. Aber viele Menschen machen sich auf, um ihr Bewußtsein zu erweitern.

Ich bin unendlich dankbar für meine vielfältigen Aufgaben. Viele Menschen kommen auch zu mir zum Channeling, zur spirituellen Lebensberatung. Mein Geistführer, Meister Eckhart, gibt den Menschen Rat und Hilfe aus der Sicht der geistigen Welt. Die Menschen sind Eckhart, wie wir ihn nennen dürfen, sehr dankbar für seine Hilfe. Das gilt für mich ganz besonders, denn er hat mich auf meinem spirituellen Weg nun schon so viele Jahre begleitet, und ich habe absolutes Vertrauen zu ihm. Seit ich als Medium arbeite, habe ich ständig Kontakt zur geistigen Welt, die für viele Menschen noch unverständlich ist.

In meinem Buch: *Finde die Liebe in Dir* sind viele Übungen, wie du, liebe Leserin und lieber Leser, mit der geistigen Welt in Kontakt kommen kannst. In meinem zweiten Buch, *"Der Weg der unsterblichen Seele"*, beantworte ich Fragen wie: Wo kommt unsere Seele her, wenn wir geboren werden und wo geht sie hin, wenn wir diese Erde wieder verlassen? Wie leben wir in der geistigen Welt? Gibt es ein Leben oder viele? Hier lüftet sich der Schleier des Mysteriums.

In meinem dritten Buch, *"Du bist ein Wunder - lebe es"*, zeige ich auf, wie groß das göttliche Potential in dir ist. Es ist ein Buch, das auch dein Leben verändern kann. Ich habe so viele liebe Briefe von Menschen bekommen, die sich für die Hilfe bedankten, die sie durch meine Bücher erfahren haben.

Kaum hatte ich mein drittes Buch beendet, bekam ich von der geistigen Welt die Anregung, ein Buch über Geistheilung zu schreiben. Da ich seit vielen Jahren als Geistheilerin arbeite und Seminare zu diesem Thema gebe, freue ich mich darauf, meine Erkenntnisse und Erfahrungen mit dir teilen zu dürfen. Dieses Buch wird dir die Praxis der Geistheilung nahebringen. Es wird dir zeigen, wie du dich und andere heilen kannst. Ich habe dieses Buch mit Hilfe der geistigen Welt so konzipiert, daß es dich durch die Übungen Schritt für Schritt der Geistheilung näherbringen wird.

Es ist natürlich am besten, die Geistheilung in Seminaren richtig zu erlernen. Wenn du dich von deiner Seele dazu aufgerufen fühlst, kannst du dich jederzeit gerne an mich wenden. Viele Menschen haben mich schon gefragt, ob sie sich wohl zum Geistheiler eignen würden. Meistens konnte ich mit "ja" antworten. Menschen, die Mitgefühl mit anderen haben und gerne helfen möchten, eignen sich auch zum Geistheiler. Viele Menschen möchten mithelfen, den Plan Gottes auf Erden zu verwirklichen. Gott möchte, daß alle seine geliebten Kinder wieder heil und vollkommen werden, so wie er sie erschaffen hat.

Ich halte es für sinnvoll, das Buch zuerst einmal ganz zu lesen und dann die Übungen nacheinander, Schritt für Schritt, zu praktizieren. Sicher wirst du ein Familienmitglied oder Freunde finden, mit denen du üben kannst.

Schon in jungen Jahren habe ich mich für Krankheiten und ihre psychologischen Hintergründe interessiert. Viele Menschen haben mir ihre Sorgen erzählt, und ich habe ihnen zugehört und sie getröstet, so gut ich konnte. Ich habe versucht, ihnen die Liebe Gottes zu vermitteln. Später kam dann durch jahrelange Ausbildungen das Verständnis für die geistige Ebene hinzu. Bereits als kleines Kind wollte ich Ärztin werden und zu Albert Schweitzer nach Lambarene gehen. Meine Mutter aber wollte eine Studienrätin aus mir machen und verhinderte mein Medizinstudium. Aber der Wunsch ließ mich nie ganz los, und so begann ich in späteren Jahren mit meinem Heilpraktikerstudium. Im Zuge meiner Heilpraktikerausbildung habe ich bei vielen englischen und amerikanischen Geistheilern Seminare besucht und wurde so mit der geistigen Heilung immer vertrauter.

Tief beeindruckt hat mich die Arbeit von Tom Johanson, dem englischen Heiler, der in seinen Seminaren auf eindrucksvolle Weise die seelisch-geistigen Hintergründe unserer Krankheiten aufzeigte. Ich durfte erleben, wie durch ihn geradezu spektakuläre Heilungen geschahen, die ich nie vergessen werde.

Einige Heilungen werden mir für immer im Gedächtnis bleiben. Eine Mutter brachte ihre Tochter zu Tom Johanson. Sie konnte seit längerer Zeit nicht mehr gehen und nur unter großen Schmerzen auf einem Wasserkissen sitzen. Ich saß unmittelbar daneben und konnte die Heilung genau verfolgen. Tom verband sich mit den jenseitigen Helfern und stimmte sich auf die Christuskraft ein. Dann begann er, ganz sanft über den Rücken des jungen Mädchens zu streichen. Er begradigte die Wirbelsäule mit Hilfe seiner jenseitigen Helfer. Nach einiger Zeit des bangen Wartens bat er die Patientin, sich nach vorne zu beugen. Das Mädchen sagte: "Das ist unmöglich, das geht nicht!" "Doch, du kannst es, du bist geheilt", sagte Tom. Der Patientin stand der Angstschweiß auf der Stirn, sie konnte es nicht glauben. "Komm, gib mir deine Hand, wir machen es zusammen", sagte Tom. Ganz langsam begannen sich beide gemeinsam vorzubeugen. Eine Spontanheilung war geschehen. Keine Lähmung mehr und keine Schmerzen. Das Mädchen war vollkommen geheilt. Im Saal herrschte Totenstille, und Tränen der Dankbarkeit flossen uns über das Gesicht.

Eine andere wunderbare Heilung geschah an einem jungen Mann. Er kam mit einem gewaltigen Kropf. Tom stimmte sich auf seine geistigen Helfer und die Christuskraft ein und nahm den Kropf in seine Hände. Er begann ihn ganz sanft zu massieren. Nach wenigen Minuten war dort, wo vorher der Kropf war, nur noch ein leerer Hautsack. Ich durfte bei vielen solcher Heilungen zugegen sein, aber es würde den Rahmen dieses Buches sprengen, sie alle zu erwähnen.

Dieses Erleben festigte meinen Glauben an die geistige Heilung. Ich habe vieles von diesem großartigen Heiler lernen dürfen.

Ich war dann viele, viele Male in England und habe dort in Geistheilungskirchen und Krankenhäusern gearbeitet, eine Tätigkeit, die mich faszinierte und die mich tief geprägt hat. In den "spiritual church" in England und Wales gibt es meist eine Kirche und mehrere kleine Behandlungsräume. Die Patienten warten dort in der Kirche auf ihre Heiler. Meistens wird leise Musik gespielt, um die Patienten meditativ auf die Heilbehandlung einzustimmen. Die Behandlungsräume sind liebevoll mit Blumen und religiösen Bildern oder mit den, von hellsichtigen Medien gemalten Bildern der Geistärzte ausgeschmückt. Es herrscht eine ruhige und friedvolle Stimmung. Die Patienten berichten von ihren Leiden, und der Geistheiler stimmt sich auf die Geistärzte und die Gotteskraft ein. Die meisten englischen Geistheiler haben bei der Heilung Verbindung mit ihren *guides*, ihren Geistführern, und den *spiritual doctors*, den Geistärzten, die sie während der Heilbehandlung unterstützen und beraten. Die Patienten werden stets gebeten, sich auf das Fließen der Heilkraft meditativ einzustellen.

In England kann jeder Geistheiler offiziell im Krankenhaus arbeiten. Bei uns ist die Geistheilung bislang nur Ärzten und Heilpraktikern offiziell gestattet. Ich hoffe sehr, daß sich das, zum Wohle der Patienten, eines Tages ändern wird.

Sehr beeindruckt hat mich auch die Arbeit des *SAGB*, dem *Spiritual Association Center*, in London am Belgrave Square. Hier arbeiten viele Geistheiler. Sie heilen durch Handauflegen oder auch durch Fernheilungen. Sie sind mit ihren Geistführern und Geistärzten verbunden. Dadurch bekommen sie oft Botschaften zum geistig-seelischen Hintergrund der Erkrankung des Patienten.

Ich selbst habe viele Botschaften aus der geistigen Welt erhalten. Die Botschaften, die ich in England von der geistigen Welt erhielt, waren stets wunderbar, aufbauend und sehr hilfreich. Sie führten mich Schritt für Schritt zu meinen heutigen Aufgaben.

Auch in Amerika konnte ich viel über die vielfältigen Möglichkeiten der geistigen Heilung erfahren. Hier durfte ich zum ersten Mal einen Blick in die Akasha-Chronik werfen. Die Akasha-Chronik ist das große Weltengedächtnis, in der alles aufgezeichnet wird, was jemals gedacht worden ist.

Bei meinen langen Aufenthalten in Südafrika habe ich oft in Geistheilungskirchen gearbeitet und wurde von der geistigen Welt weiter geschult. Hier gilt mein besonderer Dank David, dem Geistführer von Arthur Garside. Durch ihn durfte ich viel lernen, und er hat mir sehr geholfen, mir und meinen Botschaften, die ich aus der geistigen Welt erhielt, zu vertrauen. Ich wurde von ihm zum Sprechmedium ausgebildet. Ich arbeite nun schon viele Jahre als Medium, und es ist für mich eine große Freude, den Menschen, die zu mir zur spirituellen Lebensberatung und zur Geistheilung kommen, mit Unterstützung der geistigen Welt helfen zu dürfen.

Diese Verbindung ist auch für meine Arbeit mit den Patienten sehr hilfreich. Mit Hilfe der geistigen Welt kann ich, wenn der Patient es wünscht, die geistig-seelischen Hintergründe seiner Erkrankung aufzeigen, und er kann daran arbeiten.

Ich bilde nun schon seit Jahren Geistheiler aus und freue mich immer wieder über die wunderbaren Heilungen, die durch sie geschehen dürfen. Auch ich selbst habe bereits einige Male von meinen Schülern wunderbare Hilfe durch geistige Heilung bekommen. Und ich bin sehr dankbar dafür.

Einmal im Monat trifft sich bei mir eine Heilergruppe, um gemeinsam zu helfen und zu heilen. Wir machen auch viele Fernheilungen, um die wir gebeten werden, für Menschen, die wir oft gar nicht kennen.

Seit vielen Jahren gehöre ich zur *World Federation of Healing*, der Weltvereinigung der Geistheiler. Regelmäßig finden Konferenzen der Heiler aus aller Welt statt. Hier werden Erfahrungen mit der geistigen Heilung ausgetauscht.

Auch in Deutschland gibt es bereits seit längerer Zeit die *Vereinigung der Geistheiler und den Dachverband des geistigen Heilens.*

— nicht kursiv

Geistheilen ist göttliche Liebe

Auszug aus der Serie Heilende Hände der Zeitschrift Venus

Wer Elisabeth Dude in ihrer Praxis aufsucht, um sich von ihr behandeln zu lassen, muß schon von sich aus Interesse an geistiger Heilung bekunden. Denn aufdringen will die Heilpraktikerin ihren Patienten nichts. Auch das Schild an der Haustür verrät nichts darüber, daß die resolute Frau neben der Naturheilkunde auch Geistheilung praktiziert oder sogar lehrt.

"Geistheilung ist nichts Mysteriöses, Unerklärliches", sagt sie überzeugt. "Das kann im Prinzip jeder lernen, der Liebe und Mitgefühl in sich trägt und bereit ist, das *Handwerk* zu erlernen und zu üben, das heißt, sich als Kanal zur Verfügung zu stellen und die göttliche Kraft weiterzuleiten." Elisabeth Dude hat aus dieser Erkenntnis die praktische Konsequenz gezogen: Sie gibt Seminare über Geistheilung. Bei ihr kann man lernen, wie man sich selbst und andere auf geistigem Wege heilen kann.

Wer ein Ohr dafür hat, der hört der geborenen Hamburgerin den hanseatischen Einschlag schon nach wenigen Sätzen an, obwohl sie schon seit mehr als dreißig Jahren in Düsseldorf lebt und arbeitet. Eine kühle und zurückhaltende Person ist die Fünfundfünfzigjährige deshalb jedoch keineswegs. Die Heilpraktikerin und spirituelle Lehrerin spricht, wie sie denkt: direkt und lebensnah. Sie ist zwar spirituelle Lehrerin und Geistheilerin, umgibt sich deshalb jedoch nicht mit dem Nimbus des Durchgeistigten und Geheimnisvollen.

Ihre Suche führte Elisabeth Dude zu Ausbildungen nach England, in die USA und nach Südafrika. Das, was sie gelernt hat, gibt sie jetzt weiter. In ihrem *Lichtzentrum,* in der Düsseldorfer Innenstadt, bietet sie mit Hilfe der geistigen Welt Lebensberatungen, Seminare und Meditationskreise an. Ein zentraler Punkt ist die Geistheilung.

Es geht hier nicht um medizinische Behandlung oder gar das Verabreichen von Medikamenten. In der Geistheilung beschäftigt man sich nicht mit Symptomen oder organischen Ursachen von Krankheit und Schmerz, sondern man setzt am mentalen Problem an. Durch Liebe, Energieaustausch und göttliches Licht wird in der Seele der Zustand der Harmonie wieder hergestellt. Den Sinn von Krankheiten sieht Elisabeth Dude, ähnlich wie Thorwald Detlefsen und Rüdiger Dahlke in ihren Büchern: Unfälle, Infektionen, Kopfschmerzen, Krebs oder Herzinfarkt sind wertvolle Botschaften der Seele.

Wer zum ersten Mal in einem Seminar die eigene Aura und die der anderen spürt und lernt, was Chakren sind, empfindet es als unbeschreibliches Erlebnis, wenn völlig fremde Seminarteilnehmer zielsicher die Problemstellen eines Körpers entdecken und aus ihren Händen Energie dorthin fließen lassen. Und welch ein Bild, wenn man in der Meditation einen lieben Menschen auf ein Krankenbett aus reinem Licht legt. Und drumherum stehen die geistigen Ärzte.

„So wie jeder Mensch einen Geistführer hat, der ihn durchs Leben begleitet, so helfen auch Ärzte aus der geistigen Welt bei den Heilungen", erklärt Elisabeth. „Denen begegnen wir in den Meditationen." Mit ihrem Geistführer, Meister Eckhart, spricht Elisabeth wie mit einem Menschen aus Fleisch und Blut. Wenn sie von dieser lautlosen Unterhaltung erzählt, muß man unwillkürlich schmunzeln.

Mit respektvoller Haltung spricht sie von dem Arzt, der ihr geistig zur Seite steht: "Schon als Kind habe ich Albert Schweitzer sehr verehrt. Ich habe damals davon geträumt, auch eines Tages nach Afrika zu gehen und den Menschen dort zu helfen. Als er mir dann zum ersten Mal als geistiger Arzt erschien, habe ich zunächst gedacht, mein Ego hätte mir einen Streich gespielt und der Wunsch sei hier der Vater des Gedankens. Diese Zweifel waren allerdings unbegründet. Inzwischen weiß ich, daß er es wirklich ist."

Hat man erst ein Seminar mitgemacht, ist es gar nichts Besonderes mehr, wenn Albert Schweitzer oder Paracelsus bei den Heilungen hilft. Die Teilnehmer kommen aus ganz unterschiedlichen Berufen. Lehrer, Hausfrauen, Sekretärinnen und auch Ärzte oder Heilpraktiker lassen sich von Elisabeth ausbilden und behandeln.

Eine Ärztin sagte nach dem ersten Seminar: "Ich war sehr skeptisch, als ich hierher kam. Jetzt ist es für mich gar keine Frage mehr, daß Geistheilung tatsächlich funktioniert. Es war ein wunderbares Erlebnis, sich so auf einen Menschen einzustellen, daß ich ohne Instrumente und Apparate spüren kann, wo der Körper im Ungleichgewicht ist. Dann die göttliche Heilkraft durch mich hindurchfließen zu lassen und damit zu helfen, das ist ein phantastisches Gefühl. Ich halte die Geistheilung für eine großartige Ergänzung der Schulmedizin und der Naturheilkunde."

Das erste, was Elisabeth Dude vermittelt, ist die Sensibilität für den anderen. Das beginnt mit dem Ertasten der Aura eines anderen Menschen. Als nächstes fühlt man mit den Händen die einzelnen Chakren, die Energiezentren des Körpers. Sind diese mit zu wenig Energie versehen, lädt man sie auf. Die Heilung der Chakren und das Lösen von Blockaden wird durch

Farbtherapie unterstützt. Über jedem Chakra visualisiert der Heiler die dazugehörige Farbe und erhöht so den Energiefluß.

Auch das Reinigen des Körpers von negativen Schwingungen, Streß und Spannungen sowie Fernheilung stehen auf dem Lehrplan. Wie mit einem feinstofflich-energetischen Richtstrahl wird die universelle Heilkraft über große Entfernungen zu den Menschen geschickt. Entfernung spielt dabei keine Rolle. Das, was die Menschen bei Elisabeth Dude lernen, können sie bei sich und anderen anwenden. Nicht selten kommt jemand am zweiten Seminartag und erzählt, daß er am Vorabend seine Kopfschmerzen völlig ohne Tabletten selbst geheilt hat oder die Bauchschmerzen der Kinder durch Handauflegen hat verschwinden lassen.

„Der Heiler ist nur ein Kanal/ für die göttliche Heilkraft", betont Elisabeth Dude. „Er muß nicht im Sinne der Kirche religiös sein, aber er muß an eine höhere Kraft glauben, die durch ihn heilt. Gott ist für mich die alles aktivierende Kraft der Liebe im Universum, ohne die nichts existieren kann."

Ob der Patient an Gott glaubt, spielt keine Rolle. Er muß nur offen sein. Das Vetrauen in seinen Heiler allerdings aktiviert die Selbstheilungskraft im Menschen, die in jedem steckt. Wenn der Patient an den Heiler und sein Können glaubt, öffnet das eine Tür. Das ist der halbe Weg nach Rom."

Die spirituelle Lehrerin erklärt es an Beispielen: „Geistheilung beruht nicht auf Suggestion oder Einbildung des Patienten. Besonders bei Kleinkindern ist die Geistheilung sehr erfolgreich, und die können sich nichts einbilden, weil sie noch gar nicht wissen, was mit ihnen passiert. Darum steht bei Babys die Vernunft nicht im Wege, die bei vielen Erwachsenen eine Blockade bildet. Viele Menschen sperren sich bewußt dagegen, etwas geschehen zu lassen, was sie mit Logik nicht erklären können. Ein Baby hat dieses Problem nicht. Es reagiert noch rein instinktiv und spürt, daß ihm geholfen wird."

Das gleiche gilt auch für Tiere. Elisabeth Dude beweist es an ihren beiden schwarzen Pudeln Tina und Joy. "Natürlich arbeite ich auch da mit Geistheilung. Und die Hunde lassen es sich gern gefallen. Ich merke, daß sie sich wohl fühlen. Die beiden spüren, daß ihnen geholfen wird. Auf diese Art habe ich schon eine Menge Tierarztkosten gespart. Kleinkinder und Tiere haben nicht die anerzogenen Zweifel, die Geistheilung bei manchen Erwachsenen so mühsam machen."

Die fünfunddreißigjährige Dorothee S. erzählt von ihren Erfahrungen bei Elisabeth Dude: "Ich habe Elisabeth zufällig Anfang 1993 auf einem Kongreß kennengelernt und einen Vortrag von ihr gehört. Das machte mich neugierig. Ich besuchte zunächt zwei ihrer anderen Seminare, bevor ich mich an die Geistheilung heranwagte. Ich dachte, dazu müsse man besondere Gaben haben, das könnte ich nie. Aber schon am ersten Seminartag stellten sich kleine Erfolge ein. Es war wirklich ein Erlebnis."

Dann erzählte Dorothee von ihrer Gürtelrose, die sie schon seit mehr als zehn Jahren plagte. "Ich hatte alles versucht, war von einem Arzt zum nächsten und danach zu mehreren Heilpraktikern gegangen. Jede erdenkliche Therapie wurde an mir ausprobiert, jedesmal ohne Erfolg. Ich habe die Gürtelrose sogar besprechen lassen, aber auch das nützte nichts."

In unregelmäßigen Abständen von wenigen Wochen wurde die junge Frau immer wieder von der Gürtelrose am Rücken heimgesucht. Jucken, Brennen und ziehende, stechende Nervenschmerzen waren die ständigen Begleiter der roten, nässenden Bläschen auf der Haut. Zurück blieben immer mehr rote, vernarbte Stellen am Rücken.

"Obwohl ich keine Hoffnung mehr hatte, habe ich mich von Elisabeth Dude behandeln lassen. Woran ich nicht mehr zu glauben wagte, ist passiert: Die Geistheilung hat geholfen. Es hat allerdings einige Zeit gedauert." Inzwischen ist auch von den Narben nichts mehr zu sehen.

An die erste Geistheilung der Gürtelrose kann sich Dorothee besonders gut erinnern. "Es war, als würde ich von einer unerklärlichen Unruhe ergriffen. Plötzlich rebellierte mein Körper. Ich zitterte und mein Atem wurde sehr schnell. Es war offensichtlich, daß sich unbewußt etwas in mir gegen die Heilung wehrte. Bewußt wollte ich meine schmerzhafte Krankheit selbstverständlich loswerden. Ich begriff nicht, was in dem Moment in mir vorging."

Elisabeth Dude ist sicher, daß man auf geistigem Wege viele Krankheiten heilen kann. Dennoch gibt es Grenzen. "Manchen Menschen kann man deshalb nicht zu jedem Zeitpunkt helfen, weil sie ihre Krankheit noch brauchen, um daran etwas zu lernen. Denn Krankheit ist kein Zufall, sondern eine Botschaft der Seele. Hat man seine Lektion gelernt, ist die Krankheit unnötig und kann verschwinden."

Jeder Mensch sei von Natur aus vollkommen und heil und trage den göttlichen Teil in sich, sagt Elisabeth Dude. Erst das falsche Denken macht den Menschen krank. "Wenn der Mensch also an seinen alten Denkmustern festhält, ist der Geistheiler zunächst machtlos." Daß sie keine Schutzbehauptung für mangelndes Können ist, weiß man spätestens dann, wenn Elisabeth einen stechenden Kopfschmerz innerhalb von zwei Minuten beseitigt."

Corinna Schlehbusch

Geschichte und Hintergründe der geistigen Heilung

Bereits im alten Ägypten und in Griechenland wurde geistige Heilung praktiziert. Sie war damals den Priestern und Priesterinnen vorbehalten und geschah vorwiegend in Tempeln. Aus der Bibel wissen wir um die vielen Wunderheilungen durch Jesus Christus. Er heilte mit der ihm innewohnenden Christuskraft. Er hat stets gesagt:

"Ich kann nichts aus mir selber tun, es ist der Vater in mir, der die Werke tut."

Auch die Jünger haben mit der ihnen innewohnenden Christuskraft geheilt. Von Hilarion werden, etwa dreihundert Jahre nach Christus, wunderbare Heilungen berichtet, und auch vom heiligen Antonius von Padua, Franz von Assisi und Augustinus, um nur einige zu nennen. Die katholische Kirche hat viele dieser Menschen später, ob ihrer wundersamen Kräfte heilig gesprochen. Sie alle heilten mit der Christuskraft. Viele von ihnen helfen uns Menschen von der geistigen Welt aus bei der Geistheilung. Im östlichen Kulturkreis nennt man diese Form des Heilens *Pranaheilen*. Auch hier findet die Heilung durch die Gotteskraft, das Prana, statt. Es gibt nur eine Gotteskraft, auch wenn wir Menschen ihr verschiedene Namen geben.

"Geistheiler sein heißt: Über den Dingen stehen,

Geistheiler sein heißt: Werkzeug Gottes sein!

Bejahe den unendlichen Geist des Guten,

der Harmonie und des Heils -

und die unerschöpfliche Kraftquelle wird allezeit

bei dir sein!

Wer das Einsamsein mit sich selbst und mit Gott

verwirklicht hat,

ist über sich selbst hinausgewachsen

und von der Harmonie des Ewigen erfüllt."

Fra Tiberianus

Das spirituelle Zeitalter verlangt nach geistigen Heilweisen. Hier beginnt eine neue Epoche der Geistheilung. Es wäre schön, wenn die Schulmedizin und die Naturheilkunde mit den Geistheilern zusammenarbeiten könnten, zum Wohle aller Menschen. Im Gegensatz zur Schulmedizin, die sich um die Krankheit der Menschen kümmert, beschäftigt sich die geistige Heilung mit dem Heilwerden des Menschen, sie versucht, ihn wieder in die Einheit mit Gott zurückzubringen. Der Geistheiler sieht nicht die Krankheit, sondern hält seinen Blick auf die vollkommene Gesundheit des Menschen gerichtet. Sie ist das Ziel für den Geistheiler. Da es aber für alle Menschen, die auf der Erde in der Dualität leben, durch negatives Denken immer wieder zu gesundheitlichen Störungen kommen kann, ist es das Ziel des guten Geistheilers, den Menschen zu helfen, ihr Bewußtsein zu erheben. Auf diese Weise wird der Mensch mehr und mehr in der Lage sein, die Liebe zu leben und somit gesund zu werden. Gesundheit ist kein dauerhafter Zustand, sondern wir bewegen uns durch unser Denken und Handeln ständig entweder in Richtung Gesundheit oder Krankheit. Je mehr wir das verstehen, und je schneller wir bereit sind, die Verantwortung für unsere Gesundheit zu übernehmen, desto mehr werden wir an unserem Bewußtsein arbeiten und uns somit immer mehr in Richtung Gesundheit und Harmonie bewegen. Je mehr wir unser Ego-Selbst verlassen und unser spirituelles Sein entwickeln, desto gesünder werden wir. Krankheit besteht immer innerhalb des Ego-Systems.

Die wichtigste Voraussetzung für einen Geistheiler ist die Bereitschaft, an seinem Bewußtsein zu arbeiten. Je mehr er sich spirituell entwickelt, desto reiner wird er als Kanal für die geistige Heilung. Liebe und Mitgefühl und der Wunsch, anderen Menschen zu helfen, sollten seine Motive sein.

Ein Geistheiler sollte Verantwortungsbewußtsein mitbringen und seine Grenzen kennen. Patienten, die ernsthaft in Gefahr sind, muß er zum Arzt schicken oder zum Heilpraktiker. Das oberste Gebot jeds Heilers sollte lauten: Füge niemandem Schaden zu!

Wer mit seinen Helfern aus der geistigen Welt verbunden ist, hat keine Schwierigkeiten, Gefahren zu erkennen. Die Geistärzte wissen darum, und informieren uns darüber. Sie haben sich ganz in den Dienst Gottes gestellt und dienen uns Menschen in Liebe. Sie helfen uns, mehr und mehr mit den Gesetzmäßigkeiten der Heilung vertraut zu werden.

Sie erkennen die Ursachen und die Erkrankung des Patienten. Wir dürfen uns ihres Wissens bedienen, um unseren Mitmenschen zu helfen. Je besser wir in der Lage sind, uns auf unsere Geistärzte einzustimmen, desto leichter und schöner wird die Zusammenarbeit. Unsere Helfer aus der geistigen Welt sind auf Grund ihres Wissens in der Lage, Krankheiten exakt zu diagnostizieren. Sie kennen die Hintergründe der Erkrankungen des Menschen. Bei jedem Menschen sind die Ursachen seiner Erkrankung, die ja meistens im unbewußten Bereich liegen, verschieden. Wir Menschen kennen nur die allgemeinen Ursachen, nicht aber die individuellen.

Darum ist es unendlich wichtig, regelmäßig in die Stille zu gehen und in der Meditation die Verbindung zur geistigen Welt herzustellen.

Der berühmte englische Geistheiler Harry Edwards hat einmal gesagt: „Die Geistheilung ist ihrer Natur nach etwas Göttliches. Sie entspringt einer göttlichen Quelle, und sie vollzieht sich daher unter Mitwirkung göttlicher Vermittler – eben unserer jenseitigen Führer, Helfer und Ärzte."

Bei jeder Geistheilung sind unsere geistigen Ärzte zugegen, um uns und dem Patienten zu helfen. Sie übermitteln uns die seelisch-geistigen Hintergründe der Erkrankung unseres Patienten. Ein erfahrener Geistheiler wird immer auch eine Bewußtseinsheilung vornehmen. Um das Wesen der Geistheilung zu verstehen, müssen wir bedenken, daß wir in Wahrheit geistige Wesen sind, die im Augenblick in einem Körper wohnen. Unsere wahre Natur ist geistig.

Die kosmische Heilkraft fließt ständig zu uns und durch uns hindurch. Ohne sie könnten wir nicht existieren, und ohne sie wären unsere Zellen nicht in der Lage, sich zu erneuern. Gott ist die Quelle der Geistheilung, der Mensch dient ihm als Kanal.

Es ist für jeden Geistheiler wichtig, sich mit den Gesetzmäßigkeiten der geistigen Heilung zu beschäftigen, um die Geistheilung richtig einzusetzen. Dafür brauchen wir die Hilfe unserer Geistärzte. Sie ermitteln nicht nur die exakte Diagnose und die Hintergründe der Erkrankung, sondern lenken die notwendigen Heilkräfte in der richtigen Dosierung zum Patienten.

Alles im Universum unterliegt den kosmischen Gesetzen. So auch die geistige Heilung. So ist es wichtig, daß eine kosmische Verbindung hergestellt wird zwischen dem Heiler, dem Geistarzt und dem Patienten. Bevor du also mit einer Geistheilung beginnst, ist es wichtig, daß du dich einstimmst auf die Geistärzte und das Bewußtsein deines Patienten. Auf diese Weise wird die Heilkraft am besten ihr heilendes Werk tun. Du bist bei der Kontaktheilung, bei der du direkt am Patenten arbeitest, die göttliche Heilkraft und leitest sie an deinen Patienten weiter. Deine Geistärzte sind dir dabei behilflich. Das Hohe Selbst des Patienten hilft bei der Umwandlung der Heilkraft im

Patienten. Es entscheidet auch, ob eine Spontanheilung geschehen kann oder nur eine Linderung. So ist das Hohe Selbst des Patienten der Empfänger und Transformator für die göttliche Heilkraft. Da jede Heilung mit den Gesetzmäßigkeiten des Universums im Einklang geschehen muß, kann sie auch nur dann geschehen, wenn hier kein Widerspruch entsteht. Zu berücksichtigen sind auch die karmischen Hintergründe mancher Krankheiten, auf die ich später noch näher eingehen werde. Auch wenn der Mensch nicht bereit ist, das Muster, das ihn krank macht, zu verändern, wird keine dauerhafte Heilung möglich sein.

Ich erinnere mich noch gut an eine Patientin. Sie wurde von einer Freundin zu mir geschickt. Die Diagnose lautete Krebs im Endstadium, nach menschlichem Ermessen unheilbar. Ich bat Gott, mir seine Helfer zu senden. Ich bat Jesus, durch mich die Heilung zu vollziehen. Man hatte der Patientin gesagt, sie habe nur noch vier Wochen zu leben. Sie war ein Mensch, der sehr negativ dachte und stets bereit war, andere Menschen zu verurteilen. Durch die Erkrankung war sie bereit, an ihrem Bewußtsein zu arbeiten. Es ging ihr bald besser, und sie konnte mit ihrem Mann wieder kleinere Ausflüge unternehmen. Sie kam regelmäßig zur Behandlung und wurde in ihrer Einstellung sehr viel positiver. Sie nahm an Gewicht zu und fühlte sich bald sehr viel besser. Nach etwa einem halben Jahr, das sie nach Meinung der Schulmedizin gar nicht hätte erleben dürfen, begann sie wieder, sehr negativ zu denken. Ich machte sie darauf aufmerksam, aber sie fiel in ihr altes Verhaltensmuster zurück, und somit kam die Krankheit zurück. Es war ihre Wahl. Am Verhalten dieser Patientin sieht man, wie wichtig es ist, die Ursache zu verändern, damit die Krankheit wirklich geheilt werden kann.

Der Geistheiler kann auf ganz unterschiedliche Weise die Ursachen der Erkrankung erfahren. Ich habe in meinem Buch: *"Finde die Liebe in Dir"* genau beschrieben, wie du Kontakt zur geistigen Welt aufnehmen kannst. Der Kontakt mit den Geistärzten geschieht auf die gleiche Weise, wie mit deinem Geistführer. So kannst du bei guter meditativer Einstimmung die von deinem Geistarzt gestellte Diagnose gedanklich empfangen. Im Anfang wird es dir sicher schwer fallen, zwischen deinen eigenen Gedanken und denen deines Geistarztes zu unterscheiden. Deshalb ist es immer besser, den Kontakt in einem Seminar richtig zu erlernen. Bei der geführten Heilung, auf die ich später noch genau eingehen werde, überläßt du deinem Geistarzt deine Hände, und er führt sie genau zu der Stelle, wo die Heilung benötigt wird. Manche Heiler spüren auch an ihrem eigenen Körper die Symptome der Erkrankung. Meiner Meinung nach ist dies aber nicht sinnvoll und sollte tunlichst vermieden werden. Bei der Fernheilung ist es möglich, die Diagnose visuell zu empfangen. Wenn du aber mit deinem Geistarzt eine gute und vertrauensvolle Verbindung aufgebaut hast, kannst du ihm die Diagnose und Behandlung überlassen. Der Geistheiler sollte, wenn er kein Arzt oder Heilpraktiker ist, selbst keine Diagnosen stellen, auch dann nicht, wenn er sie von seinem Geistarzt empfangen hat. Manche Menschen werden durch medizinische Diagnosen nur verängstigt. Der Geistheiler schafft aber in erster Linie ein Verhältnis des Vertrauens und der Sicherheit. Auch Prognosen und Heilungsversprechen sollte der Geistheiler tunlichst vermeiden. Je mehr du dich als Kanal für die Geistheilung zur Verfügung stellst, desto mehr Erfahrung bekommst du.

Ist ein Mensch krank, so sind Stauungen entstanden, die es der göttlichen Kraft nicht erlauben, ungehindert ihr erneuerndes Werk zu verrichten. Hier beseitigt der Geistheiler die Blokkade, so daß die Heilkraft wieder fließen kann. Er stellt die unterbrochene Verbindung zur göttlichen Quelle des Menschen wieder her. Er ermutigt auch seine Patienten, an ihrem Bewußtsein zu arbeiten. Er hilft ihnen, mehr Licht in ihr Leben zu bringen.

Ich kann mich gut an einen Patienten erinnern, der zu mir geschickt worden war, in der Hoffnung, daß die Geistheilung ihm helfen könne. Ich verband mich mit meinen geistigen Helfern, und mir wurde gesagt: „Dies ist kein Fall für die geistige Heilung, der Patient hat ein Pankreaskopf Carcinom (Einen Bauchspeicheldrüsenkrebs). Er gehört in eine Klinik. Ich empfahl dem Patienten daraufhin, sich sofort in die Klinik einweisen zu lassen, versprach ihm aber, ihn aus der Ferne mitzubehandeln. Meine Geistärzte sagten mir aber, daß er sich entschlossen habe, in die geistige Welt hinüberzugehen. Er war bereits unheilbar krank. Ich war meinen Helfern aus der geistigen Welt sehr dankbar für ihre Warnung.

Wir Menschen können nicht selbst heilen, sondern wir dürfen als Kanal für die göttliche Heilkraft dienen. Gott allein ist der Heiler. Jede Geistheilung ist der Beweis der tätigen Liebe und Gegenwart Gottes. So ist es für jeden Geistheiler wichtig, zu lernen, sich mit der göttlichen Kraft zu verbinden, sich ihr ganz hinzugeben. Die göttliche Heilkraft ist immer präsent. Bei der geistigen Heilung wird die Seele des Menschen von der göttlichen Liebe tief berührt. Sie wird in die Einheit mit ihrem Schöpfer zurückgeführt. Auf diese Weise wird eine Heilung von Körper, Seele und Geist herbeigeführt. Wenn du selbst geistige Heilung erhältst, öffne deine Seele für die göttliche Liebe, die dich heilen möchte.

Auf der geistigen, der feinstofflichen Ebene, gibt es viele Ärzte, die uns Menschen bei der Geistheilung behilflich sind. Sie sind von Gott gesandt, um uns zu helfen, wieder heil und gesund zu werden. Wir können mit ihnen in Kontakt treten und uns ihr Wissen zunutze machen. Manche Geistärzte sind für die körperliche, andere für die seelische Heilung zuständig. Wir dürfen sie jederzeit rufen und um Hilfe bitten. Die Geistärzte können genau erkennen, an welchen Störungen ein Mensch leidet, seien sie nun auf der körperlichen, der seelischen, der emotionalen oder der geistigen Ebene. Darum ist die Zusammenarbeit mit den Geistärzten so unendlich hilfreich.

In der geistigen Welt wird ständig an neuen Heilmitteln für die Menschheit geforscht. Manche der Geistärzte waren zu Lebzeiten Ärzte oder Psychiater. Sie stellen sich zur Verfügung, um im geistigen Reich weiter zu forschen, um den Menschen zu helfen. Die Erfindungen, die die Ärzte im geistigen Reich machen, geben Sie dann einem Arzt auf der Erde geistig ein, und dieser entdeckt dann eine neue Behandlungsmethode oder ein neues Heilmittel.

Wir alle wissen von Edgar Cayce, daß er in Trance ging und von den Ärzten der jenseitigen Welt Anweisungen für die Behandlung von Patienten bekam. Cayce selbst hatte kein medizinisches Wissen. Alle seine Rezepte und Hilfen für die Menschen, die sich an ihn wandten, um Heilung zu bekommen, erhielt er von Geistärzten.

Von brasilianischen Heilern wissen wir, daß sie in Trance gehen und jenseitige Ärzte durch sie operieren. Auch hier finden geradezu spektakuläre Heilungen statt.

Auch die philippinischen Heiler operieren und heilen mit der Gotteskraft. Ich selbst habe dies bereits einige Male miterleben dürfen. Sie operieren mit ihren bloßen Händen. Es tut nicht weh, und es bleiben keinerlei Narben zurück. Ein Freund von mir ging zu einem philippinischen Heiler. Er konnte seine rechte Schulter nicht mehr richtig bewegen. Durch die Folgen eines Unfalls war sie nahezu versteift. Ich durfte bei der Operation assistieren. Ich wurde angewiesen, eine Schüssel mit Wasser und Watte zu besorgen. Der Heiler öffnete eine Stelle vor der Schulter und holte dort ein altes Blutgerinnsel heraus und legte es in die Schale mit Wasser. Ich fing das herunterlaufende Blut mit der Watte auf. Sofort schloß sich die Wunde wieder durch die göttliche Heilkraft. Das gleiche geschah an der Rückseite der Schulter. Nun wurde der Patient, der sehr skeptisch war, angewiesen, den Arm zu heben, was ihm vorher nicht möglich war. Und es gelang: Er konnte den Arm mühelos heben. Sein Erstaunen war sehr groß.

Ein anderer Fall ist mir noch lebhaft in Erinnerung: Ein Patient, der ständig unter Kopfschmerzen litt, suchte den Heiler auf. Ihm wurde ein Blutgerinnsel im Nacken entnommen, das entsetzlich faul roch. Auch hier schloß sich die Wunde direkt wieder, und die Kopfschmerzen sind seither wesentlich gebessert und treten kaum noch auf.

Es gibt keine Grenzen zwischen uns und der geistigen Welt. Wenn du dein Bewußtsein erweiterst, kannst du auch mit der geistigen Welt in Kontakt treten.

Für mich selbst ist die Geistheilung ohne die Hilfe der Geistärzte undenkbar. Ich bin sehr dankbar für die Hilfe, die mir hier zuteil wird.

Ich habe so viele Erfahrungen mit meinen Geistärzten gemacht, daß ich mich voll auf ihre Hilfe und Erfahrungen verlasse.

Die Liebe und die Freude sind die besten Heilmittel, die es gibt. Je mehr wir uns spirituell entwickeln, desto weniger werden wir uns mit unserem Körper identifizieren. Wir haben einen Körper, aber wir sind nicht der Körper. Er ist der Tempel, in dem der göttliche Geist sich ausdrücken möchte. Dennoch ist es wichtig, auf den Körper zu achten und ihn respektvoll zu behandeln. Wichtig ist auch, ihn frei von Gift- und Schadstoffen zu halten, damit er unserem Geist jederzeit dienen kann. Der Körper ist auch der Spiegel der Seele. Er zeigt uns, welche Aspekte wir auf der Seelenebene nicht leben können, und weist uns auf die Bereiche unseres Lebens hin, in denen wir eine Kurskorrektur vornehmen sollten. Wird ein Mensch krank, so hat er die Harmonie des Geistes verlassen. Etwas in seinem Bewußtsein ist ins Ungleichgewicht geraten, er ist aus der göttlichen Einheit, aus der Liebe, herausgefallen. Dieses Verlassen der Einheit auf der geistigen Ebene äußert sich dann auf der stofflichen Ebene des Körpers. So ist es das Bestreben des Geistheilers, die Einheit wiederherzustellen und die Krankheit überflüssig werden zu lassen. Natürlich könnte der Patient die Einheit auch selbst wiederherstellen und sich heilen. Leider wissen noch viel zu wenige Menschen um diese Möglichkeit.

Bereits 460 vor Christus sagte der griechische Arzt Hippokrates: *„Jeder Krankheit liegt eine natürliche Ursache zugrunde, und für jede Krankheit gibt es ein natürliches Heilmittel."*

Schon Plato erkannte: *„Die Behandlung eines Körperteiles sollte keinesfalls an die Hand genommen werden, ohne den ganzen Menschen zu behandeln. Es darf nicht versucht werden, den Körper ohne die Seele zu behandeln. Wenn der Kopf und der Körper gesund sein sollen, muß man zuerst den Geist kurieren. Denn dies ist der Fehler unserer Zeit, daß Ärzte die Seele vom Körper trennen."*

Auch heute ist es leider noch so, daß viele Ärzte und auch Heilpraktiker die Krankheiten nur auf der körperlichen Ebene behandeln. Die Seelenebene wird dabei oft völlig außer acht gelassen. So werden nur die Symptome behandelt, aber die Ebenen des Entstehens der Krankheit völlig übersehen. Krankheit ist aber immer ein Zeichen dafür, daß der betreffende Mensch aus dem Gleichgewicht geraten ist, auf einer oder mehreren Ebenen. Der Heiler versucht, durch die geistige Heilung, die Harmonie wiederherzustellen.

Nur wenige Menschen wissen um die spirituelle Ebene ihres Seins. Alle Ebenen, die körperliche, die emotionale, die seelische und die spirituelle Ebene, sind im ständigen Zusammenspiel miteinander. Für den Geistheiler ist es wichtig, sich auf alle Ebenen des menschlichen Bewußtseins einzustimmen. Die tägliche Meditation hilft ihm dabei, sein Bewußtsein zu erweitern und befähigt ihn, sich mit dem Bewußtsein seines Patienten zu verbinden.

Wenn du also einen gesunden Körper haben möchtest, achte darauf, daß dein Denken liebevoll und positiv ist. So wird auch deine Seele gesund. Krankheit entsteht immer auf einem gestörten seelisch-geistigen Gleichgewicht.

Fehlt es dir an Energie, so frage dich einmal, wie es mit deiner Lebensfreude aussieht. Wenn du keine Lebensfreude hast, blockierst du dein zweites Chakra. Wenn dieses nicht genug Energie hat, arbeiten alle Organe, die dahinter liegen, nicht richtig. So kann es sein, daß du, wenn dein Darm, deine Blase, dein Unterleib oder auch deine Beine dir Schwierigkeiten machen, dafür sorgen mußt, daß mehr Freude in dein Leben einkehrt. Wenn dein Geist voller Freude und Liebe ist, haben auch deine Chakren genügend Energie und schwingen gleichmäßig.

Denke immer daran, daß du dir selbst, mit deinem Geist, deine Realität erschaffst. Du bist ein strahlendes göttliches Wesen. Glaube daran! Halte dein Bewußtsein auf deine strahlende Gesundheit gerichtet. Sage dir immer wieder:

ICH BIN strahlende Gesundheit.

ICH BIN strahlende Gesundheit.

ICH BIN strahlende Gesundheit.

Sollte dies im Augenblick nicht der Fall sein, so bitte Gott, dir zu helfen, strahlende Gesundheit zum Ausdruck zu bringen.

"Bitte, lieber Gott, hilf mir, vollkommene Gesundheit auszudrücken."

Bei chronischen Erkrankungen dauert es erfahrungsgemäß etwas länger. Hier ist es wichtig, daß du nicht nachläßt in deinen Bemühungen. Bejahe, so oft du nur kannst, deine strahlende Gesundheit. Stelle dir auch vor, wie du wieder strahlend gesund bist. Dein Unterbewußtsein muß die Programmierung erst einmal annehmen, bevor es mit der Ausführung beginnen kann.

Die Quelle allen Heils und aller Gesundheit ist in dir. Suche sie nicht außerhalb, sondern finde sie in dir. Übernimm die Verantwortung für deine Gesundheit.

Heiler - Gedanken

Heilen möcht' ich nach Gottes Willen,
um Traurigkeit und Schmerz zu stillen,
nachdem ihr Sinn und Zweck erfüllt
und Leiden sich als Heil enthüllt.

Heilen möcht' ich mit Gottes Licht
die Seele, der es an Licht gebricht -
heilen möcht' ich die Seelenaugen,
daß sie zum Schauen der Gotteswelt taugen.

Heilen möcht' ich mit Gottes Liebe
Schäden durch falsche Wünsche und Triebe.
Es fließe durch mich, was Heilung schafft:
Gottes Liebe, Weisheit und Kraft.

Krankheit - Schiksal oder Chance?

Ich

Viele Menschen sind durch die Krise einer Krankheit gegangen und dadurch auf den spirituellen Weg gekommen. Manche sind daran zerbrochen und haben Gott die Schuld an ihrem Leid gegeben. Aber Gott, ihr Lieben, hat damit nichts zu tun. Er hat uns vollkommen geschaffen und möchte für alle seine Kinder vollkommene Gesundheit. Wir allein erzeugen Krankheiten in uns. Alles, was wir seelisch nicht ausleben, sondern verdrängen, manifestiert sich im Körperlichen. Unser Körper ist der Spiegel der Seele. Unsere Seele sendet ständig Signale über den Körper. Sie teilt uns so mit, wo ihr etwas fehlt. Nur haben wir es verlernt, auf die Körpersprache zu achten und zu hören.

Früher haben die Ärzte ihre Patienten gefragt: „Was fehlt ihnen?" Sie wußten, daß dem Kranken etwas fehlen mußte, sonst wäre er nicht krank. Die heutige Schulmedizin schaut auf das Symptom und nicht darauf, was dem Patienten fehlt. Wenn wir das Symptom aber als einen Freund betrachten, der uns zur eigentlichen Ursache unserer Erkrankung führt, kann dies sehr hilfreich sein. Es kann uns helfen, wieder heil und vollkommen zu werden. Die Symptome mahnen uns, das anzuschauen, was hinter der sichtbaren Oberfläche verborgen liegt. Die Ursachen für unsere Erkrankung haben wir meistens ins Unbewußte verdrängt. Von hier aus wirken sie jedoch als Schattenaspekte weiter, die erlöst und somit geheilt werden wollen. Unser Hohes Selbst versucht, uns über die körperlichen Symptome zu signalisieren, daß etwas in uns der Heilung bedarf. So können wir die Botschaften des Körpers nutzen, um auf die Hilferufe der Seele zu achten. Oft überhören wir jahrelang das sanfte Mahnen der Seele und werden erst aufmerksam, wenn uns die Krankheit in eine ernsthafte Krise stürzt, die dann die Chance bietet, eine Änderung in unserem Leben vorzunehmen. Du siehst also: Wenn du die Botschaft deiner Seele überhörst, kann sich eine körperliche Krankheit einstellen. Darum ist es auch nicht sinnvoll, die Symptome zu behandeln oder mit chemischen Arzneimitteln zu verdrängen. Die dazugehörige Botschaft muß erkannt und die Ursache behoben werden.

Jeder Schmerz mahnt dazu, hinzuschauen, wo etwas auf der psychischen Ebene nicht in Ordnung ist. Jeder Schmerz ist ein Hilferuf unserer Seele. Erkennen wir dies, so sind wir auch in der Lage, den inneren Konflikt zu lösen. Tun wir es nicht, so wird das Mahnen der Seele immer stärker. Du kannst den Schmerz fragen, was er dir sagen, welche Botschaft deiner Seele er dir übermitteln will.

Die Krankheit gibt uns die Möglichkeit, über uns nachzudenken und wieder in die Einheit mit dem Göttlichen zurückzukommen. Viele Menschen haben es bereits erlebt, daß sie nach langer, schwerer Krankheit wie "neugeboren" waren. Lernen wir frühzeitig, auf die Botschaften unseres Körpers zu hören! Wer seine Erkrankung in diesem Sinne sieht, erfährt durch sie einen Bewußtseinsprung, für den er dankbar sein kann. So kann jede Krankheit und jeder Unfall für uns zum Wegweiser einer neuen Bewußtheit werden. Hier können wir erkennen, daß hinter der äußeren Erkrankung ein inneres Ungleichgewicht steht, die Krankheit der vermeintlichen Trennung von Gott. Hier weist uns das Hohe Selbst den Weg zurück in die göttliche Einheit und somit in das Heilwerden. So können wir jede Erkrankung und jeden Schmerz als Möglichkeit für einen Reifeprozeß sehen.

Auch die Erkrankung eines uns nahestehenden Menschen bietet uns die Möglichkeit, über den Sinn unseres Lebens nachzudenken. So kann jede Krankheit die göttliche Kraft in uns erwecken - zum Wachsen, zum Heilen und zum Heilwerden.

Da uns Schmerzen jedoch unangenehm sind, greifen die meisten von uns direkt zur Tablette, um den Schmerz zu betäuben und verschenken somit die kostbare Möglichkeit, die Botschaft des Körpers zu hören. Das ist eine gefährliche Form der Verdrängung. Die Botschaft wird wiederkommen, dann aber in verstärkter Form. Alle Therapien und Medikamente werden uns letztendlich nicht gesunden lassen, wenn wir innerlich nicht dazu bereit sind. Heil werden wir immer erst dadurch, daß wir unseren Geist auf Liebe und Harmonie ausrichten, indem wir uns unserer Göttlichkeit wieder bewußt werden. Auch ist es unerläßlich, seinen Geist auf vollkommene Gesundheit auszurichten. Menschen, die ständig nur von ihren Krankheiten berichten, können nicht gesund werden. Sie verstärken dadurch nur ihre Krankheit.

Wenn wir jedoch unseren göttlichen Geist einsetzen, um meditativ die Botschaft unserer Seele wahrzunehmen, wird es uns gelingen, die Ursache des Symptoms zu verstehen. So können wir eine Korrektur vornehmen.

"Es ist der Geist, der sich den Körper baut", sagte schon Goethe.

Zunächst einmal müssen wir verstehen, daß wir nicht der Körper sind. Wir haben einen Körper, aber wir sind nicht der Körper. Der Geist ist der Herrscher über alle unsere Zellen und Organe, über Muskeln, Sehnen und Nerven. Der Geist ist unsterblich. Jede unserer Zellen hat ein eigenes, göttliches Bewußtsein. Es ist möglich, sich mit diesem Zellbewußtsein zu verbinden. Du kannst mit deinen Zellen sprechen. Danke ihnen für die wunderbare Arbeit, die sie leisten. Sie erneuern sich unaufhörlich.

Viele Menschen schädigen ihren Körper durch eine ungesunde Lebensweise und wundern sich dann, wenn dieser krank wird. Der Körper ist der Tempel des Geistes, wir sollten also liebevoll und pfleglich mit ihm umgehen.

Die eigentliche Ursache der Krankheit ist jedoch eine andere: Wir haben vergessen, daß wir Gottes geliebte Kinder sind, die von ihrem Schöpfer als vollkommene Wesen geschaffen wurden. Die Heilung muß also auf geistigem Wege geschehen. Die Transformation muß im Bewußtsein stattfinden, damit sie im Körper wirksam werden kann.

Viele Menschen glauben, daß Gott sie mit einer Krankheit bestraft und fragen dann: "Warum straft Gott gerade mich?" Ihr Lieben, Gott straft niemanden. Er sieht uns nur absolut vollkommen, ganz gleich wer wir sind und was wir tun. Aber er gab uns den freien Willen, zu tun, was immer wir möchten. Wir dürfen ihn benutzen, wann immer wir wollen. Wir müssen nur verstehen, daß wir niemals bestraft, sondern immer gleich geliebt werden. Aber wir Menschen glauben seit Jahrhunderten an die Strafe Gottes, weil wir meinen, uns von ihm getrennt zu haben. Eine Trennung von Gott ist jedoch nur eine Illusion. Es ist niemals möglich, sich von Gott zu trennen, denn Gott ist die alles aktivierende Energie im Universum, ohne die nichts existieren kann. Da wir aber an die vermeintliche Trennung glauben, fühlen wir uns schuldig. Immer wenn wir uns schuldig fühlen, haben wir Angst vor Bestrafung. Wir Menschen benutzen dafür oft genug die Krankheit, weil wir glauben, durch unser Kranksein etwas von unserer Schuld an Gott zurückzahlen zu können. Dies geschieht zumeist auf einer unbewußten Ebene. Die Krankheit ist nicht von Gott gemacht, also ist sie auch nicht real. Nur was Gott geschaffen hat, ist real. Oftmals reicht es schon, sich diesen Satz wieder und wieder zu sagen, um akute Krankheitssymptome zum Verschwinden zu bringen. Ich selbst habe es schon viele Male ausprobiert und meine Schüler ebenso.

Ein Erlebnis wird mir und allen anderen, die es miterlebt haben, sicher für immer im Gedächtnis bleiben.

Ich leite seit Jahren eine Meditationsgruppe, die sich einmal wöchentlich trifft. Eine Tages kam eine der Teilnehmerinnen vor der Meditation zu mir und bat mich um Hilfe. Sie hatte eine starke Allergie mit roten, stark juckenden Pusteln am ganzen Körper. Ich sagte zu ihr: „Wir haben drei Möglichkeiten. Ich kann dir eine Calciumspritze geben. Ich versuche, die Allergie mit Geistheilung wegzubekommen, und die dritte Möglichkeit ist, du versuchst es mit der Bejahung: „Die Allergie ist nicht von Gott gemacht, also ist sie nicht real."

Zu meiner Freude entschied sie sich für die dritte Möglichkeit. Es gelang ihr, die Allergie wegzubekommen. Allein durch diese Bejahung. Daran sieht man, wie mächtig unser Geist ist. Wir alle waren hocherfreut und dankbar, dies mit erleben zu dürfen.

Wenn es dir gelungen ist, deine Beschwerden auf diese Weise zu beseitigen, schaue dir an, was deine Seele dir damit sagen wollte.

Krankheit ist also keine Strafe Gottes, sondern lediglich ein Zeichen dafür, daß sich der Mensch seines göttlichen Potentials und des liebenden Christus in sich nicht bewußt ist. Wir selbst haben die geistige Trennung herbeigeführt. Diese Trennung beruht auf einer Illusion. Eine Trennung von Gott ist niemals möglich.

Krankheit ist nichts anderes als Ursache und Wirkung. Die Ursache ist der Glaube an Trennung und Schuld, die Krankheit die Auswirkung dieser Gedanken. Lösche die Ursache aus, daß heißt, hebe die Trennung auf, und ersetzte sie durch Liebe, so ist die Wirkung die Einheit und Heilung.

Halte einen Moment inne, und frage dich, wo die Ursachen für deine Beschwerden liegen. Wo bist du von deinem Seelenkurs abgekommen? Wo sollte eine Korrektur stattfinden? Bitte dein Hohes Selbst, dir zu zeigen, wo du den Weg deiner Bestimmung verlassen hast. Meditiere darüber. Lebst du wirklich das, was du dir vorgenommen hast? Bist du auf dem richtigen Seelenkurs? Ruhst du in deiner Mitte? Oder bist du vom Kurs abgekommen, und schlingert dein Lebensschiff ohne die rechte Steuerung herum? Werde dir dessen bewußt, bevor eine Krankheit dich auf den richtigen Weg führen muß.

Manche Menschen treiben Raubbau mit ihren Kräften. Sie glauben, sich für andere Menschen aufopfern zu müssen und wundern sich dann, wenn ihr Nerven- und Kraftpotential immer schwächer wird. Ständige körperliche Überforderung kann zu tiefsitzenden Depressionen führen. Wie gehst du mit deinen Kräften um? Gönnst du dir die nötigen Pausen? Oder ist dein Körper gezwungen, dich in die Ruhe zu führen? Wenn wir das leise Mahnen unserer Seele nach mehr Ruhe überhören, zwingt uns eine Krankheit dazu, uns die nötige Ruhe zu gönnen. In der heutigen, so hektischen Zeit ist es für uns Menschen unendlich wichtig, regelmäßig in die Stille zu gehen und Kraft zu tanken.

Wir aber hetzen von einem Termin zum nächsten, und die meisten Menschen klagen über chronischen Zeitmangel. In Wirklichkeit sieht es aber so aus, daß viele Menschen glauben, ihren Wert durch ständiges Arbeiten beweisen zu müssen. Dies schafft einen immensen Druck. Und der Mensch wundert sich dann, daß er einen hohen Blutdruck bekommt. Hier verlangt der Körper sein Recht.

Krankheit ensteht auf verschiedenen Ebenen:

1. Auf der geistigen Ebene:

Wir glauben, von Gott, unserem Ursprung, getrennt zu sein. Wir fühlen uns durch dieses Getrenntsein nicht mehr vollkommen und leben daher nicht in vollkommener Harmonie mit dem Leben. Wir leben die Liebe und die Freude nur unvollkommen. Dadurch entsteht ein Zustand des Mangels, der sich im Körperlichen als Krankheit manifestiert.

2. Auf der seelischen Ebene:

Wir leben nicht das, was wir wirklich möchten, und erzeugen Störungen im Körper. Wir schauen die alten, uns belastenden Muster der Vergangenheit nicht an, sondern verdrängen sie. Wir hören nicht die leise, mahnende Stimme unserer Seele. So ist sie gezwungen, uns durch körperliche Symptome auf ihre Bedürfnisse aufmerksam zu machen.

So wird Gesundheit oder Krankheit von deiner inneren Einstellung, deiner mentalen Haltung beeinflußt. Es liegt also bei dir, ob du gesund und voller Energie oder voller Leiden und Krankheit durchs Leben gehen willst. Du bist nicht das Opfer einer krankmachenden Welt, sondern Schöpfer deiner eigenen Realität und somit auch deiner Gesundheit. Unser Körper ist nicht anfällig für Krankheiten. Er ist ein Wunderwerk. Aber unsere Gedanken sind anfällig für mancherlei Störungen.

Nach Auffassung der Schulmedizin werden die meisten Krankheiten durch Viren oder Bakterien erzeugt, oder man glaubt, daß der Körper an altersbedingten Abnutzungserscheinungen leidet, oder bestimmte Allergene der auslösende Faktor der Erkrankung sind. Der Mensch besteht aber aus Körper, Seele und Geist. So können auf der seelisch- geistigen Ebene Krankheiten entstehen und sich im Körperlichen manifestieren. Die Schulmedizin versucht dann, mit Antibiotika, Kortison oder anderen chemischen Arzneimitteln, die körperlichen Symptome zu beseitigen. Dies mag als erste Hilfe oft notwendig sein, eine echte Heilung ist es nicht. Hier wird nur das Symptom verschoben. Wird die Ursache nicht beseitigt, entsteht eine neue Krankheit, um über das Symptom auf die Ursache aufmerksam zu machen.

Schon Paracelsus sagte : „*Die Mikrobe ist nichts, das Terrain ist alles.*"

Das Terrain entsteht auf der seelisch-geistigen Ebene. Es muß bereinigt werden, wenn eine echte Heilung zustande kommen soll. Wird nur das Symptom verschoben, ist die Seele gezwungen, durch eine neue Erkrankung auf ihr Manko aufmerksam zu machen. Oft versuchen wir, den Mangel der Seele mit Suchtmitteln zu überdecken. Auf diese Weise werden wir süchtig, das heißt, wir befinden uns ständig auf der Suche. Wenn wir aber das Mahnen der Seele mit Suchtmitteln zudecken, werden wir nicht weiterkommen.

Wenn du gesund bist, dann genieße deine Gesundheit; wenn du krank bist, dann arbeite auf allen Ebenen daran, gesund zu werden.

Betrachte deine Krankheit als einen Entwicklungshelfer oder einen Freund, der dir hilft, auf deinem spirituellen Weg weiterzukommen. Frage nach der Botschaft der Krankheit. Hast du sie erkannt und kannst das Muster, das dich krank macht, ablegen, bist du ein gutes Stück auf deinem Entwicklungsweg vorangekommen und kannst mit deiner Heilung beginnen. Ist das Muster aufgegeben, wird die Krankheit überflüssig, und du bist wieder im göttlichen Fluß.

Du siehst, wie wichtig es ist, sich mit der Ursache der Erkrankung zu beschäftigen. Auf diese Weise arbeitest du an der Erweiterung deines Bewußtseins, und die Krankheit wird zu deiner ganz besonderen Gnade.

Wir alle sind auf der Suche nach unserer Bestimmung, und Krankheit kann dabei ein wichtiger Wegweiser sein. Manchmal zeigt sie auch einen Umweg auf, den wir gegangen sind, und gibt uns so die Möglichkeit, den richtigen Weg wiederzufinden. Wir sind ein Stück näher zu uns selbst, zu unserem wahren Sein, gekommen. Das gibt uns neue Energie. Aus der Erkenntnis wachsen Heilung, Kraft und neue Lebensfreude.

Stell dir auch einmal die Frage, was der Sinn dieser Erfahrung war? Welches Fazit kannst du daraus ziehen? Werde offener für die Botschaften deiner Seele. Sei bereit für ein Leben in Gesundheit, Liebe, Harmonie und göttlicher Fülle.

Manche Menschen versuchen auch, über ihre Krankheit Liebe und Zuwendung zu bekommen. Menschen, die als Kind nur dann Liebe und Zärtlichkeit bekommen haben, wenn sie krank waren, benutzen später die Krankheit, um auf ihre Bedürfnisse aufmerksam zu machen, und bekommen eine Krankheit nach der anderen. Sie müssen erkennen, daß sie nicht mehr krank werden brauchen, um Liebe und Zuneigung zu bekommen. Dies ist oft nur über eine Therapie möglich.

Um dir zu helfen, das Muster deiner Erkrankung zu erkennen, möchte ich eine Meditation mit dir teilen. Du kannst sie immer dann machen, wenn deine Gesundheit nicht in Ordnung ist. Dein Körper wird dir zeigen, wo eine Korrektur in deinen Gedanken notwendig ist.

Und bitte vergiß nie, Gott um Schutz während deiner Meditation zu bitten!

Setze dich an ruhigen Platz, von dem du sicher bist, daß dich niemand stören wird. Und stell auch das Telefon ab. Sorge dafür, daß du während dieser Zeit nicht gestört wirst.

Beginne mit deinem Schutzgebet, und dann beobachte eine Weile deinen Atem. Konzentriere dich ganz auf das Ein-und Ausatmen. Atme tief ein und aus. Atme die göttliche Liebe ein und laß mit jedem Ausatmen alles los, was dich belastet. Laß mit jedem Atemzug den Alltag mehr und mehr los, und sei ganz bei deinem Atem. Sinke mit jedem Atemzug mehr und mehr in die Stille.

Nun stelle dir bitte vor, daß aus deinen Füßen dicke Wurzeln wachsen, die du, wie ein Baum, tief und breit in die Erde versenkst. Sei mit deinem Bewußtsein ganz in deinen Füßen, und laß mit jedem Atemzug die Wurzeln stärker werden. Spüre die Verbindung zur Erde! Nimm dir Zeit für die Erdung. Sie ist wichtig!

Entspanne deinen ganzen Körper. Beginne bei den Füßen. Konzentriere dich ganz auf deine Füße und Beine. Entspanne alle Muskeln, alle Sehnen, alle Nerven.

Entspanne nun deinen ganzen Bauchraum. Laß alle Spannungen los, und spüre, wie die Ruhe in dir immer größer wird.

Entspanne nun deinen ganzen Brustraum und deinen Rükken, spüre, wie alles ganz leicht wird. Entspanne auch die Hals-

und Nackenmuskeln. *Alle Anspannung in diesem Bereich löst sich auf, und du fühlst dich ganz wohl und völlig entspannt. Entspanne nun deinen gesamten Kopf, alles wird auch hier leicht und locker.*

Und nun stelle dir vor, du bist in einem wunderschönen Garten. Laß dir Zeit, den richtigen Garten zu finden, der dir gefällt. Es kann sein, daß du ihn bereits kennst oder du dir einen neuen Garten erschaffst. Es ist angenehm warm, und die Sonne scheint. Sieh den Schmetterlingen zu, und lausche dem Zwitschern der Vögel. Mit jedem Atemzug kommst du mehr und mehr zur Ruhe. Sei mit deinem Bewußtsein ganz in deinem Garten.

Gehe nun tiefer in den Garten hinein. Du kommst zu einem alten Schloß mit einem See davor, auf dem wunderschöne Seerosen blühen. Setz dich für eine Weile auf eine Bank, und laß all deine Gefühle vollkommen zur Ruhe kommen. Das stille Wasser des Sees beruhigt alle deine Emotionen, so daß ein tiefer Friede in dein Herz einkehrt. Genieße die Schönheit rings um dich herum.

Nachdem du dich eine Weile ausgeruht hast, gehe zum Schloß herüber. Eine breite Treppe führt zum Schloßportal hinauf. Klopfe an, und das Tor wird sich dir auftun. Du trittst ein in eine wunderschöne Halle. Sieh dich zuerst ein wenig um. Nimm die Stille und die Schönheit in dich auf. Von der Halle des Schlosses gehen viele Türen ab. Über einer steht: „Saal der Heilung." Hier tritt ein.

Du kommst in einen wunderschön geschmückten Raum. Schau dich um. Alles ist zu deinem Empfang bereitet. Der Engel der Heilung erwartet dich hier. Er möchte dir helfen, die Muster deiner Erkrankung zu erkennen. Er bittet dich, Platz zu nehmen und zieht aus einem Regal ein dickes, altes Buch her-

aus. Es ist dein Lebensbuch. Er schlägt eine Seite auf mit der Überschrift: "Mentale Krankheitsursachen." Liebevoll steht der Engel neben dir. Das Buch liegt nun in deinem Schoß, und du kannst dir in aller Ruhe die Muster anschauen, die zu deiner Erkrankung geführt haben. Nimm dir Zeit dafür und bitte auch darum, alles im Gedächtnis behalten zu können. Der Engel der Heilung hilft dir voller Liebe, dich an alles zu erinnern. Manches, was dort steht, war dir bereits bewußt, anderes ist dir noch unklar und unverständlich. Bitte den Engel um Hilfe. Er wird dir alles erklären.

Nachdem du alles genau angeschaut hast, fragt dich der Engel der Heilung, ob du diese alten, krankmachenden Verhaltensmuster loslassen möchtest?

Er führt dich zu einer Schale, in der ein violettes Feuer brennt, das Feuer der Transformation. Die violette Flamme wird alles transformieren, was du ihr übergibst. Wirf alle alten Muster hinein, die du nicht mehr haben möchtest, und bitte um Transformation. Übergib der violetten Flamme alle deine Ängste, Sorgen und Zweifel.

Stelle dir dann vor, wie ein violettes Licht von oben in dein Scheitelchakra, das in der Mitte deines Kopfes liegt, eindringt und deinen ganzen Körper reinigt. Stelle dir vor, du stehst unter einer riesigen violetten Lichtfontäne. Spüre, wie alles Belastende von dir abfällt und du ganz leicht und frei wirst. Denke dabei: "ICH BIN göttliche Heilung." Spüre, wie die göttliche Heilkraft durch die reinigende violette Flamme ihr befreiendes Werk in deinem Körper und in deiner Seele vollbringt. Sende nun die violette Flamme zu all den Menschen, mit denen du uneins bist, und laß die violette Flamme all das zwischen euch klären, was noch nicht in Liebe gelöst wurde. Du kannst auch

St. Germain, den aufgestiegenen Meister und Hüter der violetten Flamme, bitten, dir dabei zu helfen. Die Umwandlungsflamme wird alles in Liebe verwandeln, wenn du dazu bereit bist. Sie hilft dir auch, zu vergeben. Sie schenkt dir die Freiheit eines Neubeginns.

Sende nun die violette Flamme der Erneuerung um die ganze Erde herum und zu allen Menschen. Bitte sie, auch hier ihr reinigendes und erneuerndes Werk zu tun. Danke für die Reinigung und Erneuerung.

Frage den Engel der Heilung, was du noch für deine körperliche oder seelische Heilung tun kannst.

Bedanke dich dann bei ihm, und mache dich auf den Weg zurück in den Schloßpark. Breite deine geistigen Arme aus, und fühle dich frei, in Frieden und in Harmonie mit dem Universum.

Atme dann ein paar Mal tief ein und aus. Komm mit jedem Atemzug wieder mehr und mehr in dein normales Tagesbewußtsein zurück. Atme ganz tief ein und aus. Recke dich und strecke dich. Nimm deine Arme hoch, und schüttle sie aus, sei wieder ganz in Hier und Jetzt. Du fühlst dich nun wohl, leicht und frei.

Wirkungsweise der Geistheilung

*A*m besten du schreibst dir deine Erlebnisse auf, damit sie dir nicht verlorengehen. Vielleicht mußt du diese Übung mehrmals machen.

In diesem Buch möchte ich dir zeigen, wie du Kanal für die göttliche Heilkraft werden kannst, um dich und andere Menschen zu heilen. Vielleicht war es schon lange dein Wunsch, zu heilen. Jetzt ist der Zeitpunkt gekommen, es zu lernen. Dieses Buch wird dir dabei helfen. Es ist ein praktisches Buch, das dir Schritt für Schritt die Möglichkeiten der Geistheilung erklärt. Wenn du es in einem Seminar erlernen möchtest, kannst du mich anrufen. Meine Adresse findest du am Ende des Buches. Vielleicht gebe ich auch in deiner Nähe Geistheilungsseminare.

Du bist ein Kanal für die kosmische Energie. Du kamst in diese Welt, um ihr Hilfe und Heilung zu bringen. Je mehr du dir dessen bewußt wirst, und die Liebe und Heilkraft an deine Brüder und Schwestern weiterleitest, desto mehr kannst du für den Planeten Erde tun. Der Kosmos braucht deine Hilfe. Bist du bereit?

Dieses Buch hat dich gefunden, will dir Wegweiser sein bei deiner Tätigkeit als Geistheiler. Es ist nicht nur für Fachleute geschrieben, sondern für jeden Menschen, der bereit ist, an der Heilung unseres Planeten mitzuhelfen. Es wird aber auch dir ganz persönlich helfen, deine Krankheiten und die deiner Familie mit der Christuskraft zu heilen.

In meinen Seminaren üben die Teilnehmer ganz praktisch aneinander, so daß jeder in der Lage ist, die Heilkraft weiterzuleiten.

Im ersten Seminar geht es darum, Krankheiten und Schmerzen auf der körperlichen Ebene zu beseitigen. Im zweiten Seminar erlernen die Teilnehmer die Fernheilung und die Heilung des Bewußtseins. Hier werden auch geführte Heilungen der Geistärzte erlernt.

Auch du kannst es. Dein aufrichtiger Wunsch sowie Liebe und Mitgefühl für deine Brüder und Schwestern sind Voraussetzung genug. Auch wenn du dir im Augenblick noch nicht vorstellen kannst, als göttlicher Kanal zu dienen, wird der Wunsch vielleicht eines Tages in dir erstarken, und du wirst es erlernen wollen.

Wir leben in einer Zeit der Erneuerung, der Umwandlung. Es ist eine Zeit voller Krisen, aber auch voller Hoffnung und Möglichkeiten zur Veränderung. Wir verlassen das Fischezeitalter, das Zeitalter der Materie, und machen uns bereit für das Wassermannzeitalter, das Zeitalter des Geistes. Es ist ein Zeitalter der Erweckung und der Erneuerung. Wie zu allen Zeiten der Veränderung, wird es auch hier Turbulenzen geben. Du hast die Wahl, wie du diese Zeit erleben willst, voller Angst und Panik oder in Liebe und Harmonie.

In der Zeit der Erneuerung werden wir Menschen uns des Christusbewußtseins immer mehr bewußt werden. Der ganze Kosmos wird durch die göttlichen Gesetze gelenkt. Alles untersteht dem Gesetz von Ursache und Wirkung. Wir werden erkennen, daß Gott in uns ist, immer gegenwärtig. Wir brauchen die göttliche Energie in uns nur zuzulassen. Gott schuf unseren Körper, somit ist er vollkommen, wie der göttliche Geist in uns vollkommen ist. In dieser göttlichen Vollkommenheit haben Krankheit, Schmerz und Disharmonie keinen Platz. Nur, wir Menschen glauben nicht mehr an die göttliche Vollkommenheit in uns und haben uns so die Krankheit selbst erschaffen, ob nun bewußt oder unbewußt. Wir müssen uns immer wieder vor Augen halten, daß Krankheit nicht von Gott kommt und im Grunde nur eine Illusion ist, die uns schwer zu schaffen macht. Wir befinden uns im ständigen Konflikt mit unseren hypnotischen Mustern der Vergangenheit, in denen Schmerz und Krankheit Wirklichkeit zu sein scheinen. Wir allein sind für unsere Gesundheit oder Krankheit verantwortlich. Niemand sonst! Wir säen die Saat, und sie wird aufgehen und Früchte tragen, die wir eines Tages ernten, im positiven, wie im negativen Sinne.

Der Geistheiler muß sich über diesen Irrglauben, daß Krankheit real ist, erheben, und die göttliche Einheit erblicken. Er weiß, daß wir alle Gottes geliebte und vollkommene Kinder sind. Unser Körper ist die Wohnstatt Gottes, der sich durch uns ausdrücken möchte. Wenn wir Menschen das in unserer Seele erkennen, werden wir beginnen, unseren Körper zu lieben und nicht mehr an ihm herum kritisieren, wie das die meisten von uns tun.

Die hohe Schule der Geistheilung befaßt sich nicht mit der Krankheit und ihren Ursachen, sondern sie versucht, dem Menschen seine eigene Göttlichkeit wieder bewußt zu machen und ihn mit ihr zu vereinen. Die geistige Heilung hilft dem Menschen, die Liebe in sich wieder zu sehen und zuzulassen.

Wir alle bestehen aus vier verschiedenen Ebenen, die allerdings nicht getrennt voneinander existieren, sondern ineinander schwingen:

Der körperlichen Ebene

Der seelischen Ebene

Der emotionalen Ebene

Der spirituellen Ebene

Diese vier Ebenen sind im ganzen Kosmos als Schwingungsebenen präsent. Die spirituelle ist die Ebene mit der höchsten Schwingung. In ihr hat unser Christusbewußtsein oder die ICH BIN KRAFT ihr Sein. Da alles im Universum Schwingung ist, langsamere und schnellere, bestehen diese vier Ebenen auch aus langsameren und schnelleren Schwingungen. Alles im Kosmos besteht aus fließender Energie, und so haben diese Ebenen fließende Übergänge.

Für Geistheiler ist es besonders wichtig, daß sie sich in der Meditation immer wieder mit ihrem göttlichen Selbst verbinden und verstehen: *„Ich und der Vater sind eins."* Je mehr wir im ICH BIN, dem Gott in uns, verankert bleiben, desto leichter wird die göttliche Heilkraft durch uns fließen können. So wird der Geistheiler mit der Zeit ein immer stärkeres Heilungsbewußtsein entwickeln.

Auch du kannst dein Christusbewußtsein mehr und mehr entwickeln. Die Liebe Gottes ist in dir. Lebe sie, und du erhebst dein Bewußtsein auf die Christusebene. Diese geistige Ebene der Liebe in dir verfügt über alle Heilkraft des Universums. Dies ist die Ebene, von der Jesus sagte: *"Ich bin die Auferstehung und das Leben."* Er meinte damit nicht sich, sondern den Geist des Christus, den wir alle teilen. Er ist die reine Liebe und der Sohn-Aspekt Gottes.

Je mehr wir in diesem Christusgeist leben, wo absolute Vollkommenheit herrscht, desto liebevoller und freudiger und gesünder werden wir. Hier sind unser Schutz und unsere Versorgung. Hier herrscht absoluter Frieden. Es ist so unendlich wichtig für uns, daß wir uns in diesen Teil unseres Seins zurückziehen können. Nicht, um vor unseren Aufgaben zu fliehen, wie das leider viele glauben, sondern um alles in Liebe und Freude tun zu können.

Zum besseren Verständnis der Geistheilung wollen wir uns nun mit der energetischen Hintergrundebene beschäftigen. Viele Menschen wollen Beweise für das Wirken der Heilung haben. Beweisen läßt sie sich nicht, wir können uns nur um Verständnis bemühen. Alles im Universum ist Schwingung, ist Energie in unterschiedlichen Erscheinungsformen. Alles besteht aus Atomen. Auch unser Körper besteht aus einzelnen Zellen und Atomen. So wie das ganze Universum aus geformter Energie besteht, ist auch unser Körper Gestalt gewordene Energie. Jedes Atom unseres Körpers enthält einen Kern aus Protonen und Neutronen. Diese Atome mit ihren Protonen und Neutronen finden wir im ganzen Universum. Sie sind Energie in gebundener Form. Da alles im Universum Schwingung ist, wird auch der Atomkern von negativ und positiv schwingenden Protonen und Elektronen umgeben. Obwohl die einzelnen Atome so klein sind, daß wir sie auch mit den stärksten Mikroskopen nicht sehen können, befinden sie sich doch in vollkommener kosmischer Ordnung. Jedes Atom ist vom liebevollen schöpferischen Geist erschaffen und wird von ihm erhalten. Gott ist die alles aktivierende Energie im Universum, die alles erschafft und in ihm ihr Sein hat. Dieses Wissen der Chemie des Körpers ist für den Heiler insofern wichtig, da bei organischen Erkrankungen chemisch veränderte Zustände entstehen. Diese haben eine Ursache. Wir haben bereits über das Gesetz von Ursache und Wirkung gesprochen. Nimmst du eine vergiftete Speise zu dir, so schaffst du eine Ursache, die in der Chemie deines Körpers eine krankmachende Wirkung erzeugt.

Aus der Medizin wissen wir, daß man mit bestimmten Medikamenten, wie den Antibiotika zum Beispiel, bestimmte chemische Veränderungen erzielen kann, um die aus der Norm geratene Körperchemie wieder zum Ursprung zurückzuführen. Leider sind die Nebenwirkungen hierbei mannigfaltig und oft gefährlich für den Patienten.

Bei der geistigen Heilung können die Geistärzte die chemischen Veränderungen diagnostizieren und sie ohne Nebenwirkungen in ihrer stofflichen Form verändern und somit wieder ihrer Ursprungsform zuführen. Das kann durch den Heiler bei der Kontaktheilung geschehen oder in der Fernheilung. Wie bereits gesagt, gibt es in der geistigen Welt riesige Universitäten, wo ständig geforscht wird. Die Geistärzte verfügen über ein, für unsere Verhältnisse unvorstellbares Wissen über energetische Zusammenhänge. Dieses Wissen stellen sie uns zur Verfügung, um uns und unseren Patienten zu helfen.

Die Aura

$\mathcal{U}$nser physischer Körper ist von verschiedenen Energiekörpern, das sind Energiefelder, umgeben, der "Aura". Für die Geistheilung sind drei Auren von besonderer Bedeutung:

Der Ätherkörper

Der Emotionalkörper

Der Mentalkörper

Die Aura hat die gleiche Form wie der Körper eines Menschen. Die erste Aura liegt ca. sechs bis sieben Zentimeter über dem physischen Körper. Die zweite Aura ist etwa dreißig Zentimeter vom Körper entfernt. Die dritte Aura ist ungefähr einen Meter vom physischen Körper entfernt. Die Aura ist direkt am Körper des Menschen dichter und wird nach außen dünner. Du kannst dir die Aura wie die Luft vorstellen. Je höher du mit einem Flugzeug fliegst, desto dünner wird die Luft.

Diese Energiekörper, die für unser menschliches Auge nicht sichtbar sind, von Aura-Sichtigen einmal abgesehen, können wir fühlen, wenn wir unsere Hände dafür sensibilisiert haben. Die meisten Menschen erfühlen das Energiefeld eines Menschen unbewußt. Wir nehmen es als Schwingungen wahr. Manche Menschen strahlen geradezu. Bei anderen ist es uns unangenehm, wenn sie in unsere Aura eintreten.

Inzwischen ist es gelungen, die Aura des Menschen zu fotografieren.

Durch die Kirlianfotographie ist es heute möglich, Krankheiten im Energiekörper zu erkennen, oftmals schon bevor sie sich manifestiert haben. Jeder Gedanke, jede Emotion und jede Tat beeinflussen unsere Aura.

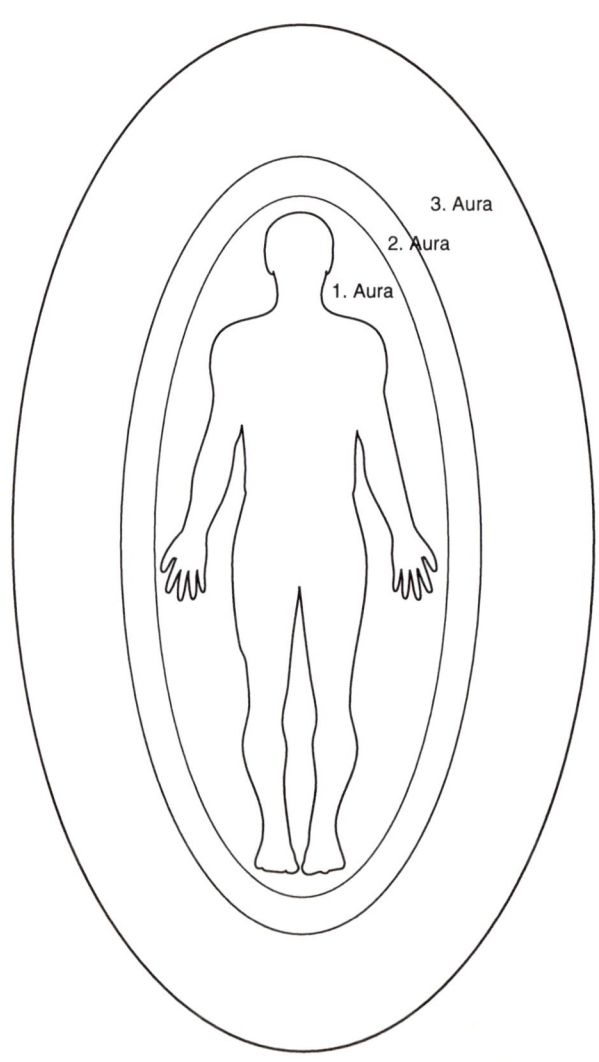

Wie wir später noch sehen werden, lassen sich manche Krankheiten besser direkt am Körper, andere an den verschiedenen Auren behandeln. Die Aura verändert sich durch unsere Gedanken und Gefühle. Wenn unsere Gedanken und Gefühle ruhig und liebevoll sind, leuchten die Farben unserer Aura rein und klar. Bei einem gesunden Menschen leuchtet die Aura in strahlend hellen Farben. Sind wir aber depressiv, ängstlich oder aggressiv, werden die Farben der Aura dunkel und schwer, sie verlieren ihren Glanz. Sind wir wütend oder zornig, wechselt die Farbe der Aura in einen roten Ton. Menschen, die sehr kritisch mit sich oder anderen sind und keine Gefühle zulassen können, haben oft eine graue oder gelbe Aura, die wenig Leuchtkraft besitzt und schwer und leblos erscheint. So kann man oft von den Farben der Aura auf den Gesundheits-und Gemütszustand eines Menschen schließen.

In der Therapie des Wassermannzeitalters wird man viel mit Farben und Klängen heilen. Die Farb-und Klangtherapie nimmt schon jetzt ein breites Spektrum ein.

Erfahrene Geistheiler setzen das farbige Heilungslicht ein, um damit spezifisch zu heilen. Du kannst dich auch selbst mit farbigem Licht heilen.

Die geistige Welt möchte uns helfen, diese Heilungsmöglichkeiten kennenzulernen und sie anzuwenden. Besonders in der Fernheilung ist es hilfreich, Farben zur Heilung auszusenden. Dazu ist es notwendig, daß der Geistheiler sein Bewußtsein zu schulen beginnt, um zu "erfühlen" welche Farbe sein Patient gerade braucht.

Ich möchte dich nun mit einer Übung vertraut machen, die dir helfen wird, die verschiedenen Auren des Menschen zu ertasten:

Du stehst etwa zwei bis drei Meter vor deinem Patienten. Schließe nun deine Augen. Nimm deine Hände in Herzhöhe nach oben. Die Finger sind zusammen und die Handflächen zum Patienten hin gerichtet. Geh mit geschlossenen Augen auf ihn zu. Konzentriere dich und versuche, die einzelnen Auren zu ertasten. Wenn du in die Aura deines Patienten eintrittst, wirst du einen ganz feinen, watteweichen, energetischen Widerstand spüren. Je näher du dem Körper deines Patienten kommst, desto stärker wird der Widerstand seiner Aura sein. Du wirst diese Übung sicher mehrere Male wiederholen müssen, bis du in der Lage bist, die einzelnen Auren deutlich zu fühlen. Auch der Patient fühlt, wann du in seine Aura eintrittst. Wenn du diese Übung mehrere Male gemacht hast und sicher bist, daß du jedesmal, wenn du die Aura deines Patienten berührst, in deinen Händen ein leichtes Kribbeln oder einen leichten Widerstand spürst, kannst du damit beginnen, die Aura deines Patienten zu reinigen.

Bevor du mit der geistigen Heilung beginnst, reinige immer zuerst die Aura. Über sie nehmen wir Schwingungen von anderen Menschen auf, die unser energetisches System belasten können. Bei der Aurareinigung werden durch ein sehr sanftes Ausstreichen Stauungen und Verunreinigungen beseitigt.

Die Aurareinigung wird in der zweiten Aura, also etwa dreißig Zentimeter über dem Körper, vorgenommen.

Bevor du mit der Reinigung der Aura deines Patienten beginnst, atme mehrere Male tief ein und wieder aus. Konzentriere dich ganz auf deinen Atem. Komme mit jedem Atemzug mehr und mehr zur Ruhe. Werde dir bewußt, daß du jetzt Kanal für die göttliche Heilkraft bist. Denke ganz bewußt dreimal hintereinander:

„Ich bin Kanal für die göttliche Heilkraft, die jetzt durch mich fließt."

Deine Hände zeigen zum Patienten. Die Finger sind geschlossen. Stelle dir vor, daß etwa dreißig Zentimeter über deinem Kopf eine weiße Christussonne leuchtet. Konzentriere dich ganz auf das Christuslicht. Zieh es beim Einatmen durch dein Kronenchakra ein, und leite es beim Ausatmen in deine beiden Hände. Nimm die Hände leicht nach oben, etwa in Taillenhöhe. Fühle die Energie in deinen Händen. Konzentriere dich auf die Christussonne über deinem Kopf und auf deine Handchakren, die in der Mitte deiner Handflächen liegen und die Heilenergie aufnehmen.

Beginne nun etwa dreißig Zentimeter über dem Kopf deines Patienten, und streiche immer im Abstand von dreißig Zentimetern über seine Aura. Vom Kopf aus gleitest du bis zu den Füßen im gleichen Abstand über die Aura. Deine Hände zeigen während der ganzen Übung zum Patienten. Denke dabei: *„Aurareinigen."*

Bist du bei den Füßen angelangt, schlage deine Hände kräftig aus, und sage oder denke dazu: *"Transformation."*

Du nimmst die Aurareinigung drei bis fünfmal an der Vorderseite des Patienten vor und ebenso oft an der Rückseite. Führe diese Übung ganz langsam durch. Wenn du sie zu schnell machst, ist das für den Patienten unangenehm. Auf diese Weise befreist du seine Aura von energetischen Verunreinigungen. Du ziehst sie über die Aura nach unten weg. Es ist wichtig, diesen energetischen Müll zu entsorgen. Deshalb schlage stets deine Hände an den Füßen des Patienten aus, und bitte um Transformation. Auf diese Weise befreist du dich von den energetischen Verunreinigungen deines Patienten. Dein Patient wird dir sicherlich berichten, daß sich eine große Ruhe in ihm ausbreitet. Am Anfang wirst du merken, daß deine Hände an manchen Stellen fast "hängenbleiben". Beim zweiten und dritten Reinigen hingegen wirst du spüren, wie deine Hände immer leichter über die Aura gleiten.

Du kannst auch ein paar Tropfen weißen Pomander in deinen Handflächen verreiben, bevor du mit dem Aurareinigen beginnst. Der weiße Pomander ist der Reinigungspomander von Aura Soma, den du in esoterischen Fachgeschäften bekommst. Mit ihm kannst du auch deine eigenen Räume reinigen. Nimm eine kleine Sprühflasche, und fülle sie mit Wasser, setze diesem zehn Tropfen weißen Pomander zu, und sprühe damit den Raum aus. Du wirst merken, wie sich die Energie des Raumes positiv verändert.

Du kannst auch in die Aura deines Patienten weißes Christuslicht einfließen lassen: Stelle dich hinter ihn, und atme ein paar Mal tief ein und aus. Stelle dir vor, daß du etwa dreißig Zentimeter über deinem Kopf eine strahlend weiße Christussonne hast. Atme dieses Licht ein, und sende es mit dem Ausatmen in deine Hände. Halte nun deine beiden Hände im Abstand von etwa dreißig Zentimetern über den Kopf deines Patienten. Lasse nun das Licht in seine Aura einfließen. Stelle dir vor, daß es deinen Patienten einhüllt wie einen Mantel. Du kannst ihn auch in rosafarbenes Licht einhüllen. Wenn du eine geistige Reinigung der Aura vornehmen möchtest, so bitte um das reinigende violette Heilungslicht. Lasse es in deine Hände fließen und dann in die Aura deines Patienten. Stelle dir dabei vor, wie das violette Licht alle energetischen Verunreinigungen der Aura mitnimmt und nach unten abfließen läßt.

Probiere die verschiedenen Techniken aus. Du wirst dabei feststellen, was dir am meisten liegt. Du kannst auch mehrere

Techniken miteinander kombinieren. Je mehr Erfahrung du bekommst, desto mehr wirst du intuitiv wissen, welche Technik du bei den einzelnen Patienten anwenden willst.

Die gleiche Übung kannst du auch bei dir selbst machen. Hole dir zunächst wieder das weiße Christuslicht in deine Hände. Nimm sie über deinem Kopf zusammen und lasse das Licht in deine Aura hineinfließen. Nimm dann das rosafarbene Licht und das violette. Stelle dir bei dem violetten Licht vor, wie alle Verunreinigungen der Aura nach unten abfließen. Denke dazu: *"Ich bin Gottes geliebtes Kind. Ich bin vollkommen gesund. Ich bin sicher und geborgen in der göttlichen Liebe. Ich bin eins mit Gott."*

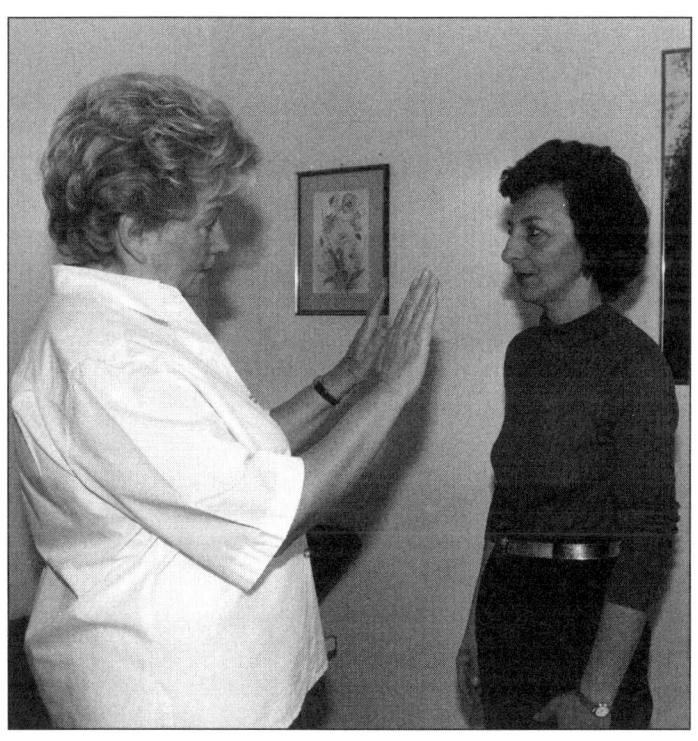

Elisabeth Dude bei der Aurareinigung

Die Chakren

$\mathcal{D}$ie Chakren sind Energieräder innerhalb unseres Körpers. Das Wort "Chakra" kommt aus dem Sanskrikt und bedeutet Rad. Diese Räder drehen sich unaufhörlich nach einer ganz bestimmten energetischen Ordnung. Sie spielen bei der Geistheilung eine große Rolle, und daher ist es wichtig, ihre Funktion zu kennen und ihren direkten Einfluß auf unsere körperliche und seelische Gesundheit.

Die kosmische Energie, in östlichen Kulturkreisen auch *Prana* oder *Chi* genannt, wird durch die Chakren in die Bio-energerie des Körpers umgewandelt. Sie gehören zu unserem Ätherkörper, der ein feinstoffliches Doppel zu unserem physischen Körper darstellt. Während unseres ganzen Lebens sind diese beiden Körper eng miteinander verbunden. Wenn wir schlafen, verläßt unser Ätherkörper den physischen Körper durch das Kronenchakra. Die zwei Körper sind dann mit einem energetischen Band, über die Silberschnur, verbunden. Beim physischen Tod eines Menschen wird die Silberschnur durchtrennt, und wir leben in unserem Ätherkörper weiter.

Die Chakren versorgen alle Organe und Organsysteme mit Energie. Sie sind wie kleine Transformatoren, die die göttliche Energie für den physischen Körper transformieren. Durch unser Denken können wir die Chakren beeinflussen, die sehr stark auf unsere gedanklichen Impulse reagieren. Ständiges negatives Denken blockiert unsere Chakren. Hat ein Chakra nicht genug Energie, haben auch alle Organe, die eine Entsprechung zu diesem Chakra haben, ein Energiedefizit. Dadurch kommt es im physischen Körper zu Störungen.

Groll, den wir verdrängt haben, blockiert die Energie der entsprechenden Chakren. Jedes Chakra hat sowohl körperliche wie auch seelisch-geistige und spirituelle Entsprechungen. Sie werden auch oft die „Fenster der Seele" genannt.

Verraten oder verdrängen wir unsere seelischen Bedürfnisse, hat dieses immer eine Blockierung eines oder mehrerer unserer Chakren zur Folge. Verstoßen wir gegen die geistigen Gesetze, rauben wir dem Chakra, das den geistigen Gesetzen zugeordnet ist, die Energie.

Wir werden später noch auf die Entsprechungen der einzelnen Chakren eingehen.

Die Chakren liegen innerhalb des Körpers, der Wirbelsäule vorgelagert. Sie sind wie kleine Lotusblüten, die mit ihrem Stiel ins Rückenmark einmünden. Nur das erste Chakra liegt etwas außerhalb des Körpers zwischen Scheide und Anus oder Hoden. Man könnte auch sagen, es liegt am unteren Ende des Steißbeins. Alle Chakren sind energetisch miteinander verbunden.

Jedes Chakra hat eine Entsprechung zur geistigen, seelischen und körperlichen Ebene. Tritt auf einer dieser Ebenen eine Störung auf, finden wir auch im entsprechenden Chakra eine Störung, die sich dann auf der körperlichen Ebene manifestiert. So ist es für dich wie auch für deine Patienten von großer Wichtigkeit, daß die Chakren stets ausbalanciert sind und mit genügend Energie versorgt sind.

Jedem Chakra sind bestimmte Geisteskräfte zugeordnet. Diese waren bereits den Heilern in Atlantis und im alten Ägypten bekannt. Dort waren sie allerdings nur den Eingeweihten zugänglich. Sie sind über die Jahrhunderte hinweg erhalten geblieben und haben auch heute noch ihre Gültigkeit. Ich werde bei den einzelnen Chakren näher darauf eingehen. Ein dauernder Verstoß gegen diese geistigen Gesetze hat verschiedene Krankheiten zur Folge.

Jeder gute Geistheiler wird die Kenntnis der Chakren und die Zuordnungen zu den einzelnen Organen und zu den geistig-seelischen Aspekten zur Diagnosefindung und zur Heilung nutzen.

Ich beobachte es immer wieder, besonders in esoterischen Kreisen, daß die Menschen die unteren Chakren negieren und nur aus den oberen Chakren heraus leben wollen. Hierdurch verlieren sie die Erdung und "schweben" sozusagen durch ihr Leben und wundern sich dann, daß sie nicht genügend Energie haben. Manche Menschen verlieren dadurch auch den Bezug zur Realität. Dann haben die Organe, die zu den unteren Chakren ein Entsprechung haben, nicht genügend Energie und werden mit der Zeit erkranken.

Jedem Chakra wird eine bestimmte Farbe zugeordnet, die für die geistige Heilung und seine Aktivierung wichtig ist. Kommen wir zunächst zur Lage der einzelnen Chakren und ihrer farbigen Entsprechung. Durch die Betrachtungen der einzelnen Chakren und ihrer seelisch-geistigen und körperlichen Entsprechnung wirst du in der Lage sein, ihre Charakteristik zu verstehen.

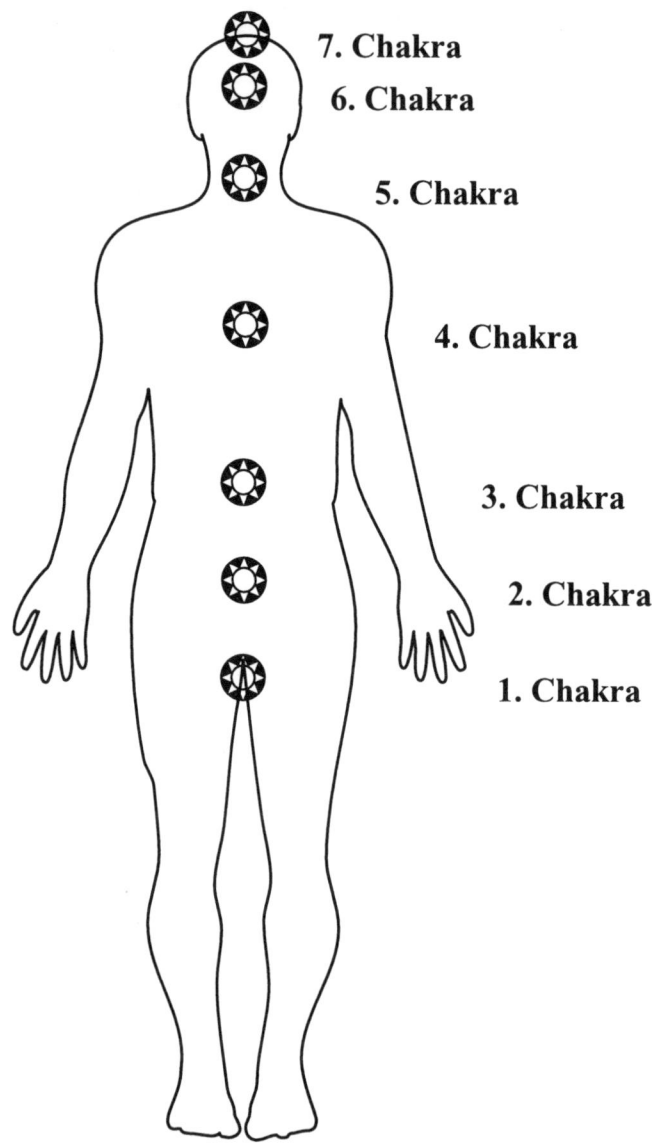

7. Chakra

6. Chakra

5. Chakra

4. Chakra

3. Chakra

2. Chakra

1. Chakra

1. Chakra - Wurzelchakra

Farbe: Rot

Das Chakra der Lebenskraft. Das Chakra der Erdverbundenheit. Durch eine zu geringe Erdverbundenheit blockieren wir dieses so wichtige Überlebenschakra. Es sichert unsere physische Existenz und wird dem Erdelement zugeordnet. Bei sehr dynamischen Menschen finden wir stets ein energetisch starkes Wurzelchakra.

Die organischen Entsprechungen sind die Beine und die Geschlechtsorgane, die Muskeln und Teile der Knochen. Dieses Chakra ist für die Aufrechterhaltung des Kreislaufsystems von großer Wichtigkeit. Es ist unmittelbar mit dem siebten Chakra verbunden. Analog zu einem Baum, benötigt auch ein Mensch, der eine große Krone entwickeln möchte, eine tiefe Verwurzelung. Wenn dieses Chakra zu wenig Energie hat, verliert der Mensch seine Erdverbundenheit und dadurch bedingt oft den Bezug zur Realität. Bei älteren Menschen finden wir hier oft zu wenig Energie, so daß eine große Erschöpfung eintritt.

Diesem Chakra ist die Geisteskraft der Stärke zugeordnet. Der Mensch kann diese Stärke auf der physischen, der seelischen und auf der geistigen Ebene ausdrücken. Du kennst sicher den Ausspruch: *"Der Mensch hat ein starkes Kreuz."* Das bedeutet, daß ihn so leicht nichts umwerfen kann. Die Wirbelsäule, an deren unterem Ende dieses Chakras liegt, befähigt den Menschen, aufrecht zugehen und Lasten zu tragen. Wie viele Menschen gibt es, die ganz krumm sind von all den schweren, negativen Lasten, die sie mit sich herumschleppen. Sie tragen schwer an ihrer Vergangenheit und sind nicht in der Lage, diese loszulassen. Dadurch verstoßen sie gegen die Geisteskraft der Stärke, und ihr Rückrat wird immer schwächer, verkrampft sich, und Schmerzen stellen sich ein. Stärke hat nichts mit Härte zu tun, ganz im Gegenteil. Hier ist die Stärke der Liebe und Güte gemeint, denn nur in ihr finden wir Menschen die wahre Stärke. Alles andere ist nur die Illusion der Stärke.

Auch ständige Sorgen um finanzielle Dinge werden zu Schmerzen im unteren Rückenbereich führen.

Blockaden in der Wirbelsäule beginnen immer mit psychischen Veränderungen. Sie blockieren buchstäblich unsere Lebenskraft. Ein erfahrener Heiler kann diese Blockaden im energetischen Feld des Menschen spüren und sie bereits dort beseitigen. Dies kann mittels der Kontaktheilung oder der Fernheilung geschehen.

2. Chakra - Sakralchakra

Farbe: Orange

Das Chakra der Lebensfreude. Chakra der Ausscheidung.
Hierzu gehören: Die Blase, die Harnleiter, die Geschlechtsorgane, der Dünndarm, Teile des Dickdarmbereiches, der Blinddarm und die Nebennieren. Hat dieses Chakra zu wenig Energie, funktionieren alle Stoffwechselorgane, die hierzu eine Entsprechung haben, nicht richtig. Auch kann es zu Störungen des unteren Rückens kommen. Das Sakralchakra ist auch das Chakra des Loslassens. Durch zwanghaftes Festhalten an der Vergangenheit wird dieses Chakra blockiert. Läßt du die Vergangenheit los, hilfst du deinem Körper in diesem Bereich und in allen Ausscheidungsorganen. Mentale Gifte rauben diesem
Chakra die Energie. Menschen, die die Geisteskraft der Ausscheidung mißbrauchen, indem sie übertrieben an Menschen und Dingen festhalten, die nicht mehr zu ihnen gehören, leiden oft an Krankheiten der Ausscheidungsorgane. Hier sei auch besonders die Blasenentzündung erwähnt.

Der Körper ist ein Wunderwerk und sorgt normalerweise für eine vollkommene Assimilation und Ausscheidung. Menschen, die ständig in der Vergangenheit leben, blockieren die natürliche Ausscheidung ihres Körpers. Um hier wirkliche Heilung zu erreichen, ist es notwendig, daß diese Menschen ihr Denken verändern, die Vergangenheit loslassen und Liebe und Freude in der Gegenwart leben.

In den östlichen Kulturen ordnet man das „Hara" diesem Chakra zu, und nennt es deshalb das Chakra der Mitte und der Persönlichkeit. Dieses Chakra wird dem Wasserelement zugeordnet. Um bis ins hohe Alter jung zu bleiben, ist es ganz wichtig, das Chakra der Lebensfreude stets ausgeglichen zu halten. Wenn wir uns von unserer Lebensfreude abtrennen, trennen wir uns auch von unserer Jugend.

3. Chakra - Solarplexus

Farbe: Gelb

Das dritte Chakra ist das Chakra der Ruhe, der Stärke, der Verantwortung, der Macht und der Ordnung. Es wird dem Feuerelement zugeordnet.

Zu diesem Chakra gehören: Der Magen, der Darm, die Leber, die Galle, die Nieren, die Nebennieren, das Zwerchfell und die Bauchspeicheldrüse. Der Solarplexus ist stark am Immunsystem beteiligt. Nervlich bedingte Magenerkrankungen, die oft durch Disharmonie dieses Chakras entstehen, können gut über den Solarplexus behandelt werden. Sie sind oft die Folge überschießender negativer Emotionen. Es wird auch das Chakra der Macht und der Ordnung genannt. Von hier aus können wir gut die göttliche Ordnung der Gedanken herstellen. Die Farbe Gelb, die zu diesem Chakra gehört, wird auch dem Verstand zugeordnet. Der Intellekt wird von diesem Chakra aus "gefeuert." Um den Solarplexus zu heilen, müssen wir die Verantwortung für unser Leben übernehmen und das leben, was wir wirklich möchten. Dies ist ein wichtiger Schritt in unserer Entwicklung.

Es ist auch das Chakra des Urteilens und der Beurteilungen. Menschen, die ständig urteilen und verurteilen, rauben diesem Chakra die Energie. Der Magen ist das Urteilszentrum des Körpers. Er beurteilt, ob eine Nahrung gut und verträglich ist oder nicht. Ist sie es nicht, handelt er entsprechend, indem er sie durch Erbrechen wieder herausbefördert.

Dies gilt auch für die mentale Ebene. Seelische Nahrung, die wir nicht verdauen können, schlägt uns auf den Magen. Auch Menschen, die sich ständig ungerecht behandelt fühlen, schaden ihrem Magen und somit auch dem Solarplexus. Der Magen ist der geheime Wächter im Körper des Menschen. Er prüft und bewertet alles, was wir ihm übergeben, auch auf der feinstofflichen Ebene. Man könnte auch sagen, der Solarplexus ist der Wächter des Körpers. Jede gefühlsmäßige Veränderung wird hier verzeichnet. Auch der im Unterbewußtsein gespeicherte Ärger, Haß und Ängste schädigen die Nervenzellen des Magens. Und das gilt auch für das Nichtvergebenwollen.

Im Solarplexus laufen alle Nervenenden zusammen, weshalb wir bei nervlichen Belastungen oft einen Druck über dem Solarplexus spüren, der auch Sonnengeflecht genannt wird. Bei Unausgeglichenheit in diesem Chakra entstehen vielerlei Krankheiten, die den Organen zugeordnet sind, die zu diesem Chakra gehören: Diabetes, Erkrankungen der Bauchspeicheldrüse oder der Galle.

Auch die Bauchspeicheldrüse, die Milz und die Leber werden durch einen Mißbrauch der Urteilskräfte geschädigt. Menschen, die sich in einer Opferrolle befinden, haben oft starke Probleme mit diesem Chakra und den dazugehörigen Organen. Auch ein mangelnder Glaube an die guten Seiten des Lebens und ständige Schuldgefühle schädigen die Leber. Ebenso schaden Neidgefühle dem Magen.

Dieses Chakra ist von immenser Wichtigkeit, sowohl für unser geistiges wie auch unser körperliches Wohlbefinden. Es steht in enger metaphysischer Verbindung zum Herzzentrum, dem Sitz der Liebe. Je mehr wir das Urteilen und Verurteilen aufgeben, desto mehr sind wir in der Lage, die Liebe zu leben und somit das Herzchakra zu entwickeln. Darum ist es auch so unendlich wichtig zur Ruhe zu kommen, um die Nerven zu entspannen und innere Kraft und Stärke zu entwickeln.

Auch im Rücken verlaufen viele Nervenbahnen, die im Solarplexus zusammenlaufen. Hier, im Rücken, liegt das geistige Zentrum der Stärke. Werden wir starr, so verkrampft sich das Rückgrat, und Schmerzen sind die Folge. Auch ständige finanzielle Sorgen belasten den Rücken und führen zu Schmerzen. Das gilt auch für Schuldgefühle, seien sie nun bewußt oder unbewußt.

Als Chakra der Ordnung hat es im Körper eine ordnende Funktion. Da dieses Chakra dem Unterbewußtsein zugeordnet wird, geht es hier vor allen Dingen darum, in unseren Gefühlen Ordnung zu schaffen. Sind unsere Emotionen außer Kontrolle geraten, werden die Nerven strapaziert, und das Herz beginnt zu rasen. Viele Magen- und Darmerkrankungen haben ihren Ursprung in gefühlmäßiger Unordnung. Denken wir nur einmal an den Morbus Crohn und die Colitis ulcerosa. Für Menschen, die mit nervlichen Problemen zu dir kommen, kannst du, während du sie behandelst, göttliche Ordnung bejahen. Du wirst merken, wie schnell sie ruhig werden. Bejahe auch für dich selbst täglich göttliche Ordnung, indem du sagst:

ICH BIN göttliche Ordnung.

ICH BIN göttliche Ordnung.

ICH BIN göttliche Ordnung.

Wenn du diese Übung regelmäßig durchführst, wirst du merken, wie deine Gedanken und Gefühle klarer werden. Du beginnst, in deiner Mitte zu ruhen. Deine Ängste werden schwinden. Innere wie äußere Ordnung wird sich einstellen.

4. Chakra - Herzchakra

Farbe: Grün mit Rosa

Das Chakra der Liebe - das Chakra für das Herz. Bei den meisten Menschen ist das Herzchakra noch nicht voll entwikkelt. Um auf unserem spirituellen Weg weiterzukommen, ist es von großer Bedeutung, unser Herzchakra zu entwickeln. Dadurch kommen wir in die Einheit mit allem Sein. Es gibt nur eine einzige Möglichkeit, dieses zu erreichen: Die Liebe zu leben. Die Liebe ist der beste Arzt im Kosmos. Mit Liebe ist alles zu heilen. Das Herzchakra spielt bei der Geistheilung eine große Rolle, sowohl für den Heiler wie auch für den Patienten. Bei vielen Menschen, die in der Angst statt in der Liebe leben, führt dieses Verhalten zu einer Enge des Herzens also zu Angina pectoris.

Haß, Ärger, dauernde Schuldgefühle und ständige Sorgen sind mentales Gift und schädigen nicht nur die Struktur unserer Zellen, sondern in erster Linie das Herzchakra und somit auch das Herz selbst.

Das Herzchakra ist dem Luftelement zugeordnet. Es korrespondiert mit der Thymusdrüse, die eng mit dem Immunsystem verbunden ist. Auch die Lunge und die Bronchien gehören zu diesem Chakra, ebenso die oberen Extremitäten.

Menschen, die ständig ihren Mitmenschen ihren Willen aufzwingen wollen und versuchen, sie zu manipulieren, schädigen ihr Herz. Hier ist die erstickende Liebe zwischen Eltern und Kindern zu erwähnen. Durch diese besitzergreifende Liebe kann es bei Eltern und Kindern zu Herz-Lungenproblemen kommen; oft erst Jahre nach dem Tod der Eltern, wenn das Kind nicht gelernt hat, seine Eltern loszulassen.

Das gilt auch für übertriebenen Geiz, der das Herzzentrum gewaltig schädigen kann, weil er ein Festhalten an der Materie bedeutet. Auch Asthma gehört zu den Auswirkungen eines geschädigten Herzchakras. Es ist eine Krankheit der Unterdrükkung und im Grunde ein Schrei nach Liebe. Bei Menschen, die an Asthma leiden, finden wir oft große Ängste, auch wenn sie das nicht immer zuzugeben bereit sind. Dieses Chakra versorgt unsere Lungen mit Energie und ist somit eng mit unserem lebenspendenden Atem verbunden. Über dieses Chakra kommen wir aus der Getrenntheit heraus und in die kosmische Einheit hinein.

5. Chakra - Halschakra

Farbe: Himmelblau

Das Chakra der Kommunikation. Es wird dem Ätherelement zugeordnet. Das Halschakra ist ein Doppelchakra, das unmittelbar mit dem Nackenchakra verbunden ist. Zu diesem Chakra gehört unsere Sprache. Worte haben eine sehr große energetische Wirkung. Dieses Chakra spricht sehr gut auf heilende Klänge an. Die organische Entsprechung sind die Schilddrüse, die Nebenschilddrüsen, der Kehlkopf, die Luftröhre und die Speiseröhre. Dieses Chakra wird beeinträchtigt, wenn wir nicht das zum Ausdruck bringen, was wir wirklich meinen. Auch negative Worte bringen hier ein energetisches Ungleichgewicht, denn Worte haben, wie gesagt, eine sehr große energetische Wirkung. Die Schilddrüse reglt die meisten energetischen Funktionen des Körpers und ist besonders sensibel und reagiert außerordentlich empfindlich auf das gesprochene Wort. Darum ist es so immens wichtig, sich um eine positive und aufbauende Sprache zu bemühen. Im östlichen Kulturkreis weiß man um die Kraft des gesprochenen und gesungenen Wortes. Hier werden Heilungslieder, sogenannte Mantren, gesungen. Das OM-Singen, das Singen des Namens Gottes, läßt die Schilddrüse sehr stark vibrieren, und energetisiert so alle Chakren und somit den ganzen Körper. Auch im alten Ägypten haben die Priesterärzte Heilungsgesänge für ihre Patienten intoniert.

Darum sind laut gesprochene Heilungsaffirmationen auch viel wirkungsvoller als gedachte.

Du kannst dir sicher vorstellen, wie schädlich es ist, ständig über Krankheiten zu sprechen. Jede Erkrankung hat eine ganz bestimmte Schwingungsfrequenz. Sprichst du nun dauernd über diese Krankheit, so befindest du dich ständig auf ihrer Frequenz und wirst sie letztendlich anziehen.

Negative und verletzende Gedanken können vielerlei Krankheiten erzeugen.

Dieses Chakra reguliert auch die Kraft in unseren Schultern, Armen und Händen.

6. Chakra - drittes Auge

Farbe: Indigo

Es ist das Chakra der Vorstellung, der Visualisierung und des Verstehens.

Mit dem dritten Auge können wir "hellsehen". Man könnte es auch das mystische oder metaphysische Auge nennen. Die organische Entsprechung ist die Hypophyse und die Epiphyse (Zirbeldrüse), und somit steuert dieses Chakra auch unsere Hormonfunktionen. Es versorgt unser Gehirn und das Zentralnervensystem mit Lebenskraft. Von diesem Chakra aus wird die Funktion des Nervensystems kontrolliert. Das sechste Chakra ist das Chakra des Willens und des Glaubens. Auch die Augen und Ohren gehören zu diesem Chakra, daher werden Augen- und Ohrenerkrankungen über dieses Chakra behandelt. Es wird blockiert durch Eigenwilligkeit. Un-einsicht-igkeit führt hier oft zu einer Blockade. Menschen, die schlecht hören, sollten sich einmal fragen, was sie nicht hören können oder wollen.

Wenn du nicht gut sehen kannst, mache einmal über längere Zeit die folgende Übung. Sage dir immer wieder: „**Es ist Gott, der durch diese Augen sieht.**"

Stelle dir dabei vor, wie du deine Brille abnimmst und sie nie mehr aufsetzen mußt. Beobachte die Veränderung deiner Augen. Das gleiche kannst du mit den Ohren auch machen. Sage dir: **"Es ist Gott, der durch meine Ohren hört.**"

Das sechste Chakra ist auch das Chakra des Verstehens. Es geht hierbei nicht um das verstandesmäßige Erfassen, sondern um das Verstehen von höherer Warte aus, um das metaphysische Verstehen. Wir nennen dieses Verstehen auch die innere Stimme. Hier bekommen wir Botschaften aus der geistigen Welt. Meditiere einmal eine Weile über das Wort: „Ich Bin göttliches Verstehen." Du wirst merken, wie sich dein Bewußtsein erweitert, wie du durchlässiger wirst für die höheren Dimensionen. Das kosmische Wissen, das jeder Mensch in sich trägt, wird dir nach und nach zugänglich.

Dieses Chakra spielt bei der Fernheilung eine große Rolle, wie du später noch sehen wirst.

7. Chakra - Kronenchakra

Farbe: Violett

Das Kronenchakra ist das Chakra der göttlichen Intuition, des Wissens, des Willens und der höchsten Bewußtheit. Es ist das spirituellste aller Chakren. Es verbindet uns mit den höchsten spirituellen Ebenen. Es ist das Chakra des ICH BIN. Im östlichen Kulturkreis spricht man hier vom tausendblättrigen Lotus. Es wird im Sanskrit *Sahasrara* genannt, was in der Übersetzung tausendblättriger Lotus bedeutet. Je weiter sich der Mensch entwickelt, desto mehr Blütenblätter entfalten sich. Jesus sagte: *„Ich will dir die Krone des Lebens geben."* Es bedeutet, ich will dir zeigen, wie du dich entwickeln kannst.

Dieses Chakra ist ein Transformator für die höchsten kosmischen Ebenen und Energien. Treten hier Störungen auf, kommt es leicht zu Gemütstrübungen und Störungen. Hier findet auch die Ausbalancierung unseres Tag-Nachtrhythmus statt.

Das Kronenchakra ist eng mit dem dritten Auge verbunden. Da dies das Chakra des Willens ist, verbindet es sich mit dem Verstehen. So verbindet sich der göttliche Wille mit der Intuition. In diesem Chakra ist der göttliche Geist zu Hause. Bedenke: Gottes Wille für dich ist vollkommene Gesundheit. Wenn du gesund werden möchtest, sieh dich in strahlender Gesundheit und bejahe: *"Herr, Dein Wille geschehe."*

Es geht hier nicht um den Egowillen. Menschen, die nur aus

ihm heraus leben, blockieren sich selbst und schaden ihrer Gesundheit. Uneinsichtigkeit führt oft zu Verkrampfungen im ganzen Körper. Wenn Menschen stets ihren Willen durchsetzen wollen, werden sie leicht "halsstarrig."

Etwa dreißig Zentimeter über dem Kopf liegt der sogenannte transpersonelle Punkt. Hier werden die hohen kosmischen Energien transformiert.

Neben den sieben Hauptchakren entlang der Wirbelsäule, gibt es noch weitere:

Das **Milzchakra**, das unter dem linken Rippenbogen liegt, ist von großer Wichtigkeit. Es spielt für unser Immunsystem eine große Rolle. Man kann es gesondert aufladen oder mit dem Solarplexus zusammen.

In unseren Händen liegen die Handchakren und in den Fingerbeeren die zehn Fingerchakren. Bei der Geistheilung spielen sowohl die Handchakren wie auch die Fingerchakren eine große Rolle: Meistens übertragen wir die Heilkraft durch unsere Handchakren; in wenigen Fällen auch durch die Fingerchakren. Rechtshänder übertragen die Heilkraft mit der rechten Hand, bei Linkshändern ist dies meistens umgekehrt. Bei der Energieübertragung ist meistens die rechte Hand die gebende und die linke die empfangende. Bei Linkshändern kann dies, wie gesagt, umgekehrt sein. Probiere es einfach aus.

Unter unseren Füßen sitzen die Fußchakren und in den Knöcheln und an den Knien befinden sich ebenfalls kleinere Chakren.

Für uns Menschen ist es ganz wichtig, die Chakren auszubalancieren und die Energie stets im Fluß zu halten. Hierzu möchte ich dir eine Chakrameditation an die Hand geben, mit der du deine Chakren aufladen kannst.

Chakrameditation

$\mathcal{D}$u kannst diese Übung im Sitzen oder im Liegen machen. Sorge dafür, daß du möglichst nicht gestört wirst. Du kannst eine ruhige Meditationsmusik dabei laufen lassen.

Beginne damit, ganz tief und entspannt ein-und auszuatmen. Beruhige dich über deinen Atem. Komm mit jedem Atemzug mehr und mehr zur Ruhe. Setze zwischen dem Ein-und Ausatmen nicht ab, sondern sorge für einen fließenden Atemzyklus. Mit jedem Atemzug kommst du mehr zur Ruhe. Atme den Frieden Gottes ein und alles aus, was dich belastet, alle Nervosität und alle Ängste. Nun stelle dir vor, daß du in deinen Füßen dicke Wurzeln hast. Stelle dir weiter vor, daß du diese Wurzeln tief und breit in die Erde hineinschickst. Sei mit deinem Bewußtsein ganz in deinen Füßen, und lasse mit jedem Atemzug die Wurzeln stärker werden. Spüre intensiv die Verbindung zur Erde.

Nun visualisiere über deinem ersten Chakra, das etwas außerhalb deines Körpers liegt, etwa zwischen Scheide und Anus beziehungsweise zwischen Anus und Hoden, einen leuchtenden, roten Nebel oder ein leuchtendes rotes Licht. Sei ganz bei diesem ersten Chakra, und lasse mit jedem Atemzug den roten Nebel leuchtender werden. Spüre, wie die rote Farbenergie in dich einströmt und dir neue Kraft gibt. Leite sie durch deinen ganzen Körper, besonders durch deine Beine.

Denke nun dreimal hintereinander: ICH BIN Kraft, ICH BIN Kraft, ICH BIN Kraft. *Fühle diese göttliche Kraft in dir. Nimm dir Zeit. Es ist wichtig, diese Schritte langsam und ganz bewußt zu tun.*

Gehe nun zu deinem zweiten Chakra, das in der Mitte zwischen Nabel und Schambein liegt. Visualisiere hier einen leuchtend orangefarbenen Nebel oder ein orangefarbenes Licht. Sei mit deinem Bewußtsein ganz bei diesem zweiten Chakra, und lasse mit jedem Atemzug das Orange stärker und leuchtender werden. Es ist die Energie der Freude, die nun in dich einströmt. Nimm sie ganz in dich auf. Denke nun dreimal: ICH BIN Freude, ICH BIN Freude, ICH BIN Freude. *Fühle mit all deinem Sein die göttliche Freude in dir. Genieße diese Energie der Freude, sie aktiviert dich.*

Gehe nun zu deinem dritten Chakra, dem Solarplexus, in dem alle Nervenbahnen zusammenlaufen. Es liegt in der Mitte deines Bauches, direkt oberhalb des Nabels. Visualisiere hier einen leuchtenden, hellgelben Nebel oder ein hellgelbes Licht. Wenn du mit deinem Bewußtsein ganz bei diesem Chakra und dem hellgelben Nebel bist, spürst du, wie dich eine wunderbare Ruhe durchströmt. Es ist die göttliche Ruhe, die nichts stören kann. Denke nun dreimal: ICH BIN Ruhe, ICH BIN Ruhe, Ich BIN Ruhe. *Genieße diese wunderbare Ruhe, und verweile in ihr, solange du möchtest.*

Gehe nun zu deinem vierten Chakra, dem Herzchakra. Es liegt in der Mitte der Brust, in der Höhe des Herzens. Hier visualisiere zunächst ein leuchtendes, helles Grün. Lasse dieses Grün mit jedem Atemzug leuchtender und strahlender werden. Nun mische hier die Farbe Rosa mit hinein. Rosa ist die kosmische Farbe für die Liebe. Dies ist das Chakra der Liebe. Atme nun diese göttliche Liebe in dich hinein, lasse dich ganz von ihr durchströmen. Spüre, wie dein Brustkorb weit wird, wie die Liebe dich ganz durchströmt. Sie fließt in all deine Zellen hinein. Und nun denke mit aller Inbrunst dreimal: ICH BIN Liebe, ICH BIN Liebe, ICH BIN Liebe. *Sei diese Liebe, wisse, sie ist allezeit in dir, du kannst sie nie verlieren.*

Gehe nun zu deinem fünften Chakra, dem Halschakra. Es liegt genau in der Mitte deines Halses. Es ist das Chakra der Kommunikation. Visualisiere hier ein leuchtendes Hellblau, so strahlend wie ein Sommerhimmel unter südlicher Sonne. Sei ganz bei deinem Halschakra, und lasse mit jedem Atemzug den blauen Nebel heller und strahlender werden. Spüre, wie dein Hals sich entspannt, wie er weit wird. Und nun denke dreimal: ICH BIN göttliche Kommunikation, ICH BIN göttliche Kommunikation, ICH BIN göttliche Kommunikation. *Bitte nun darum, daß dein Hohes Selbst zu allen Zeiten durch dich sprechen möge.*

Gehe nun zu deinem sechsten Chakra, dem Stirnchakra oder dem dritten Auge. Es liegt genau in der Mitte deiner Stirn. Hier visualisiere einen indigofarbenen Nebel. Es ist ein dunkelblaues Violett. Sei ganz bewußt bei deinem sechsten Chakra, und lasse mit jedem Atemzug den indigofarbenen Nebel stärker und leuchtender werden. Denke nun dreimal: ICH BIN das Allsehende Auge, ICH BIN das Allsehende Auge, ICH BIN das Allsehende Auge. *Das dritte Auge verbindet dich mit den Lichtwelten, genauso wie das Kronenchakra. Wenn du diese Übungen regelmäßig machst, wirst du feststellen, wie dein drittes Auge sich entwickelt und du mehr und mehr aus den unsichtbaren Welten wahrnehmen kannst.*

Gehe nun zu deinem siebten Chakra, dem Kronenchakra, das in der Mitte, auf deinem Kopf liegt. Hier visualisiere einen leuchtend violetten Nebel. Sei mit deinem Bewußtsein ganz bei diesem Chakra, und lasse mit jedem Atemzug den violetten Nebel strahlender und leuchtender werden. Sieh vor deinem inneren Auge, wie sich über deinem Kopf eine wunderschöne Lotusblüte öffnet, wie sie mit jedem Atemzug mehr und mehr Blätter entfaltet. Denke nun dreimal, voller Inbrunst: ICH BIN eins mit GOTT, ICH BIN eins mit GOTT, ICH BIN eins mit GOTT. *Fühle dieses Einssein mit deinem ganzen Herzen, mit deiner ganzen Seele. Bleibe in diesem Einssein, solange du möchtest. Wisse, du bist immer und zu allen Zeiten eins mit seiner Liebe, eins mit seiner Weisheit, eins mit seiner Kraft und immer in seinem Schutz. Du bist sein über alles geliebtes Kind. Und nun sieh, wie von oben ein strahlend weißes Christuslicht auf dich herniederkommt. Wie ein Mantel aus Licht umhüllt es dich. Bleibe noch eine Weile in diesem Licht, und komme dann langsam wieder in dein normales Tagesbewußtsein zurück. Atme tief und langsam ein und aus. Jeder Atemzug bringt dich mehr ins Hier und Jetzt zurück. Recke dich und strecke dich, nimm deine Hände hoch, schlage sie aus, und sei wieder ganz im Hier und Jetzt.*

Je öfter du diese Meditation machst, desto mehr werden sich diese Worte und das Wissen um deine Göttlichkeit in deinem Unterbewußtsein verankern; um so deutlicher wirst du die Wirkung spüren. Wenn du dich tagsüber müde und abgespannt fühlst, kannst du mit dieser Übung deine Chakren aufladen, und du wirst wieder voller Energie sein.

Hierzu gab mir Jesus eine Botschaft:

"Farben sind Schwingungen, wie alles im Kosmos Schwingung ist. Farben dienen der Heilung. Jedes Chakra, Energierad eures Körpers ist einer bestimmten Farbe zugeordnet, die ihm helfen kann, wieder heil zu werden. Jedes Chakra entspricht bestimmten psychischen Qualitäten und den einzelnen Organen eures Körpers. Jeder Gedanke und jede Tat beeinflußt nicht nur eure Aura, sondern auch eure Chakren. Wenn die Chakren zu wenig oder zu viel Energie aufweisen, kann man sie mit der dazu gehörigen Farbe wieder ausgleichen. Wenn ihr regelmäßig Chakrameditationen durchführt, hilft euch das, eure Chakren in der Balance zu halten und euch mit kosmischem Licht zu füllen.

Auch könnt ihr jede einzelne Zelle eures Körpers mit göttlichem Licht füllen und sie so verjüngen. Bittet euren inneren Heiler, den Christus in euch, euch dabei zu helfen, und ihr werdet feststellen, wie durch diese Meditation tiefer Friede und Heilkraft in euch einströmen. Aber gebt diese Liebe, diesen Frieden und diese Heilkraft, die euch geschenkt werden, weiter an eure Brüder und Schwestern. Sendet Gedanken der Liebe und des Friedens an alle Menschen aus, auf daß sie glücklich und in der Liebe Gottes geborgen sein mögen.

Ich möchte mit euch über euren Körper sprechen. Euer Körper ist der Tempel des Geistes. Darum ist es wichtig, daß ihr euren Körper liebevoll und mit Respekt behandelt. Überarbeitet und überanstrengt ihn nicht. Ihr seid für euren Körper verantwortlich. Sorgt für ihn, damit er euch jederzeit zu Diensten ist. Er wurde euch von Gott gegeben, damit ihr auf der Erde eure Lernerfahrungen machen könnt. Ihr habt die Herrschaft über euren Körper.

Allzulange habt ihr in hypnotischen Mustern der Vergangenheit verharrt. Ihr seid der Meinung, daß ein Körper mit der Zeit alt und krank werden muß. Ich aber sage euch, das muß nicht sein. Jede eurer Zellen, jeder Zellverband, jedes Organ hat ein eigenes göttliches Bewußtsein, und ihr könnt dieses Bewußtsein ansprechen, um eure Zellen neu zu programmieren, und somit euren Körper schön und jung erhalten.

Es liegt an eurem Bewußtsein! Jeder Mensch hat seinen inneren Arzt und Heiler, und den könnt ihr bitten, euch bei eurer geistigen Arbeit zu unterstützen, er wird es sehr gerne tun.

Je gesünder euer Körper ist, desto besser kann er dem Geist dienen. Aber ihr müßt auch euer Unterbewußtsein durchlichten. Hier wurde über Tausende und Abertausende von Jahren, von Generation zu Generation, in einem riesigen Speicher einprogrammiert, daß der Körper alt und krank wird. Ihr habt es von euren Eltern übernommen, und die wiederum von ihren Eltern und so fort.

Aber jetzt beginnt ein neues, spirituelles Zeitalter, und mit diesem auch ein neues Bewußtsein. Ihr könnt lernen, euren Körper schön, jung und gesund zu erhalten.

Euer Körper ist nicht so anfällig, wie ihr immer glaubt, sondern er ist ein Wunderwerk, von Gott vollkommen geschaffen. Aber euer Denken ist anfällig. Wie oft fahren eure Gedanken Achterbahn. Darum kontrolliert zuerst eure Gedanken und Emotionen. Erlaubt ihnen nicht, euch zu beherrschen.

Achtet darauf, was ihr ständig denkt, ihr werdet es in die Materie ziehen. Haltet den Körper rein von Gift und Schadstoffen. Achtet auf eure Ernährung und seht zu, daß ihr aus der Nahrung Energie bekommt und diese nicht mit toter und falscher Nahrung tötet.

Entwickelt ein Gefühl dafür, was euch gut tut und was nicht. Achtet auch auf euren Wasserhaushalt. Die meisten Menschen führen ihrem Körper zu wenig Flüssigkeit zu und sind dann verwundert, wenn der Körper sich nicht anders zu helfen weiß, als die Giftstoffe in der Haut oder in den Gelenken abzulagern, so daß Krankheiten entstehen.

Liebt euren Körper, er ist der Wohnsitz Gottes, und jede eurer Zellen ist erfüllt vom göttlichen Geist."

Jesus

Wir wollen uns nun mit dem Ausbalancieren der Chakren beim Patienten beschäftigen. Hierzu ist es notwendig, deine Hände zu sensibilsieren. Die Chakren gehören zu unserem Energiekörper, der sehr sensibel ist.

Beginne zunächst damit, Kontakt zu deinem Patienten aufzunehmen. Stelle dich hinter ihn, und lege ihm für eine Weile die Hände auf die Schulter. Hierdurch fühlt er sich angenommen und geborgen. Komme zur Ruhe und atme mehrere Male tief ein und aus. Dann lege deine linke Hand auf den Rücken des Patienten, etwa in Höhe des Steißbeins. Die rechte Hand liegt etwas vom Körper entfernt über dem ersten Chakra. Versuche nun, die energetische Qualität des Chakras zu erspüren. Setze sie in Entsprechung zu den anderen Chakren, indem du langsam von Chakra zu Chakra gehst. Deine linke Hand geht gegengleich mit. Beim Kronenchara stelle dich hinter den Patienten, und lege deine Hände so auf seinen Kopf, etwas voneinander entfernt, so daß die Mitte frei bleibt. Hast du die verschiedenen Energien der einzelnen Chakren gespürt? Die Energie wird nach oben immer leichter. Die obersten drei Chakren sind die sensibelsten. Du wirst diese Übung sicher mehrmals wiederholen müssen, bis du eine sichere Aussage über die Energie der einzelnen Chakren machen kannst. Das beste ist, du erlernst es unter Anleitung eines erfahrenen Heilers in einem Seminar.

Wenn du nun beginnst, die einzelnen Chakren mit Energie aufzuladen, berücksichtige eins: Zu wenig ist besser als zu viel. Besonders bei den oberen Chakren passiert es leicht, daß sie überladen werden. Dies könnte beim dritten Auge und beim Kronenchakra leicht zu einem Kopfdruck führen.

Beginne wieder damit, daß du dich hinter deinen Patienten stellst. Lege ihm die Hände auf die Schultern, damit er sich geborgen fühlt. Komme über deinen Atem zur Ruhe. Bitte auch deinen Patienten, ruhig und entspannt zu atmen. Stelle dir vor, daß etwa dreißig Zentimeter über deinem Kopf eine strahlend weiße Christussonne leuchtet. Ziehe mit dem Einatmen das weiße Christuslicht durch dein Kronenchakra herein, und leite es mit dem Ausatmen in deine Hände. Wenn du dies mehrere Male gemacht hast, wirst du vielleicht in deinem Händen ein leichtes Vibrieren, Kribbeln oder Wärme bemerken. Gehe nun wieder mit deiner linken Hand zum Steißbein deines Patienten. Die rechte Hand geht in leichtem Abstand über das Wurzelchakra. Konzentriere dich dabei auf die Christusonne über deinem Kopf. Anfänglich wird es dir schwerfallen, dich gleichzeitig auf deine Hände und die Christussonne zu konzentrieren. Es ist eine Frage der Übung. Je mehr Praxis du hast, desto leichter wird es dir fallen, die verschiedenen Schritte zu koordinieren. Je geübter du bist, desto mehr wirst du in der Lage sein, die einzelnen Chakren nicht nur exakt zu lokalisieren, sondern auch ihre Energie zu beurteilen. Auch wenn du die Energie in deinen Händen nicht spüren kannst, sie fließt trotzdem. Dein Bewußtsein lenkt sie dorthin, wo sie gebraucht wird.

Deine Hände liegen jetzt gegengleich über dem ersten Chakra. Die Christuskraft fließt durch deine Hände, um das erste Chakra zu aktivieren. Bitte deinen Patienten, dir zu sagen, wenn er spürt, daß er an einem Chakra genug Energie hat. Auch du wirst mit einiger Übung wissen, wann das Chakra ausgeglichen ist. Verfahre so mit allen Chakren. Denke daran: Je höher du kommst, desto sensibler werden sie. Es wird dir viel Freude machen, dem Patienten diesen Liebesdienst zu erweisen.

Wenn du diese Übung einige Male gemacht hast, kannst du sie erweitern. Du stellst dir vor, daß aus deinen Händen das zu den einzelnen Chakren gehörende, farbige Licht strömt.

Beginne wieder beim Wurzelchakra. Lasse aus deinen Händen ein wunderschönes rotes Licht strömen und in das Wurzelchakra fließen. Sei dir bewußt, daß farbiges Licht stärker ist. So werden die einzelnen Chakren schneller gefüllt sein. Denke dazu: *"Ich gebe dir Kraft."*

Lade nun das Sakralchakra mit einem leuchtenden Orange auf. Denke dazu: *"Ich gebe dir Freude."*

Beim Solarplexus lasse ein strahlend helles gelbes Licht aus deinen Händen fließen. Denke dazu: *"Ich gebe dir Ruhe."*

Lade das Herzchakra mit einem hellen Grün auf, und mische die Farbe Rosa mit hinein, die kosmische Farbe der Liebe. Denke dazu: *"Ich gebe dir Liebe."*

Lasse zum Halschakra ein leuchtend helles Blau fließen.

Sei vorsichtig, daß du dieses Chakra nicht überlädst. Denke dazu: *"Ich gebe dir Mut zur göttlichen Kommunikation."*

Das dritte Auge lade mit indigofarbenem Licht auf. Auch hier ist Vorsicht geboten. Dieses Chakra ist sehr sensibel und darf niemals überladen werden. Denke dazu:

"Ich gebe dir göttliches Wissen."

Lade das Kronenchakra mit einem leuchtendem Violett auf.
Denke dazu: *"Ich führe dich in die Einheit mit Gott."*
Frage deinen Patienten, wie es ihm geht.

Sensibilisierung deiner Hände

Für die geistige Heilung ist es wichtig, deine Hände zu sensibilisieren. Halte deine Hände in Taillenhöhe im Abstand von etwa dreißig Zentimetern gegeneinander. Schließe deine Augen, und spüre den energetischen Widerstand zwischen deinen Händen. Bewege sie langsam aufeinander zu. Spürst du die Energie zwischen deinen Händen?

Nimm dir Zeit für diese Übung. Vielleicht spürst du ein leichtes Kribbeln oder Wärme in deinen Handchakren, die in der Mitte deiner Hände liegen. Bewege die Hände mehre Male aufeinander zu, und ziehe die Energie wieder auseinander. Nimm eine Hand nach oben oder nach unten, und spüre, wie es sich anfühlt, wenn du die Energie auseinanderziehst und sie wieder zusammenführst. Spiele mit der Energie. Diese Übung kannst du überall machen. Sie wird deine Hände immer mehr sensibilisieren. Für die meisten Menschen ist die rechte Hand die gebende und die linke die empfangende. Bei Linkshändern ist dies meist umgekehrt.

Stelle dir nun vor, daß du etwa dreißig Zentimeter über deinem Kopf, an dem sogenannten "transpersonellen Punkt", eine weiß leuchtende Christussonne hast. Sieh, wie das Licht mit dem Einatmen durch dein Kronenchakra in deinen Körper einströmt, und leite es mit dem Ausatmen in deine beiden Hände. Halte sie wie eine Schale, mit den Handflächen nach oben.

Fühle, wie das weiße Christuslicht als Energie in deine Hände fließt. Auch wenn du das Licht noch nicht sehen kannst, bedenke, die Energie folgt immer deinem Bewußtsein. Spüre die Licht- und Heilenergie in deinen Händen. Vielleicht fühlst du anfangs etwas Wärme oder ein leichtes Kribbeln. Mit einiger Übung wird sich die Energie verstärken. Mache diese Übung anfangs sooft wie möglich. Je häufiger du die Energie in deine Hände leitest, desto schneller wird es dir gelingen. Vor allem, vertraue darauf, daß du Kanal für die göttliche Heilkraft bist. Christus möchte dich als Instrument benutzen, um seine Liebe und Heilkraft weiterzugeben. So werden sein Licht und seine Liebe durch deine Hände fließen. Das Heilungslicht kann durch Handauflegen oder durch die Fernheilung über große Distanzen zu deinem Patienten strömen. Entfernungen spielen hierbei keine Rolle.

Für den Heiler ist es wichtig, sich zu entspannen, bevor er mit einer Geistheilung beginnt. Hier ist es empfehlenswert, den Atem zu Hilfe zu nehmen. Atme ein paarmal tief ein und aus, nach Möglichkeit ohne Pause zwischen dem Ein- und Ausatmen. Lasse mit dem Ausatmen einfach alles los, was dich belastet hat. Allen Streß, alle Nervosität einfach ausatmen. Stelle dir vor, daß du mit dem Einatmen kosmische Kraft aufnimmst und mit dem Ausatmen alles losläßt, was nicht mehr zu dir gehört.

Farbmeditation

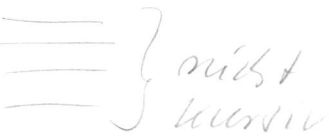

$\mathcal{I}$*ch möchte nun eine kleine Übung mit dir teilen, die dich mit der unterschiedlichen Energie der einzelnen Farben vertraut macht: Hierzu setze dich bequem hin und sorge dafür, daß du nicht gestört wirst. Atme ein paarmal tief und entspannt ein und aus, ohne zwischen dem Ein- und Ausatmen eine Pause zu machen. Entspanne dich bei jedem Atemzug mehr und mehr.*

Stelle dir nun vor, du stehst auf einer wunderschönen grünen Wiese. Es ist angenehm warm, und die Sonne scheint. Fühle das Gras unter deinen Füßen. Lausche dem Gezwitscher der Vögel und sieh den bunten Schmetterlingen zu. Stelle dir nun vor, wie die grüne Energie des Grases durch deine Fußchakren in dich eindringt. Spüre, wie sie in deinem Körper langsam nach oben steigt. Sieh gleichzeitig, wie ein wunderschönes grünes Heilungslicht dich durchfließt. Lasse es dann langsam durch dein Kronenchakra wie eine Lichtfontäne wieder herausfließen, wieder zur Erde zurück. Spüre deutlich die Energie.

Nachdem du dich mit diesem grünen Heilungslicht eine Weile durchspült hast, stelle dir vor, daß über deinem Kopf, am transpersonellen Punkt, eine weiße Christussonne leuchtet. Lasse nun dieses weiße Heilungslicht durch deinen ganzen Körper fließen und zu den Füßen wieder hinaus. Spüre die unterschiedliche Energie. Welche fühlt sich für dich leichter an, die grüne oder die weiße? Nachdem du das weiße Licht eine Weile durch deinen Körper hast fließen lassen, stelle dir vor, daß du deine Füße verschließt, so daß das weiße Licht nicht mehr abfließen kann. Schicke das weiße Heilungslicht nun in jede Zelle deines Körpers. Es ist das Licht der Liebe, das dein ganzes Sein durchdringt. Spüre, wie es dich stärkt und belebt.

Kontaktheilung

$\mathcal{B}$ei der Geistheilung unterscheiden wir im allgemeinen zwei Arten der Heilung, die Kontaktheilung und die Fernheilung.

Bei der Kontaktheilung ist es wichtig, daß der Heiler einen ruhigen und vertrauenserweckenden Eindruck vermittelt. Wir können davon ausgehen, daß die meisten Patienten zunächst einmal Angst haben. Darum ist es ganz wichtig, daß der Patient sich geborgen und angenommen fühlt. Strahlt der Heiler Liebe und Sicherheit aus, wird er schnell den Weg zum Herzen seines Patienten finden. Sorge auch dafür, daß der Raum, in dem du die Geistheilung geben möchtest, ruhig und behaglich ist. Manche Heiler haben in ihrem Heilungsraum einen kleinen Altar errichtet, den sie mit Blumen und Kerzen schmükken. Ob du eine leise Meditationsmusik laufen lassen möchtest, bleibt dir überlassen. Ich finde es gut, leise Musik spielen zu lassen, solange der Patient wartet, damit er sich entspannen kann. Bei der Heilung selbst lenkt mich die Musik zu sehr ab. Ich bevorzuge dabei absolute Stille. Probiere aus, was dir besser gefällt.

Lasse dir von deinem Patienten seine Erkrankung und sein Problem schildern. Als Geistheiler wollen wir immer ganzheitlich behandeln. Du weißt, daß Krankheit immer im seelischgeistigen Bereich entsteht, und somit hat jeder kranke Mensch ein seelisches Problem. Es ist wichtig, ihm ruhig und gelassen zuzuhören. Es ist gut, wenn du dabei seine Hände in deine nehmen kannst. Das schafft schnell ein Vertrauensverhältnis, und der Patient fühlt sich angenommen. Erkläre ihm auch die Geistheilung, wenn er damit noch nicht vertraut sein sollte. Erkläre ihm, daß es nicht wichtig ist, ob er die durch ihn fließende Energie spürt oder nicht.

Dann bitte im Geist um die Hilfe der Geistärzte. Bitte Gott um Heilung für deinen Patienten. Bevor du mit der Geistheilung beginnst, reinige stets zuerst die Aura des Patienten. Bitte dann deinen Patienten, sich ruhig hinzusetzen. Bitte ihn, die Augen zu schließen und sich zu entspannen. Lasse ihn ein paar mal tief ein-und ausatmen. Es wäre schön, wenn du ihn in die Heilung mit einbeziehen kannst. Bitte ihn, sich vorzustellen, wie strahlend weißes Christuslicht zu ihm herunterkommt. Lasse ihn das Christuslicht einatmen. Wenn du magst, kannst du auch mit ihm gemeinsam ein kurzes Gebet sprechen. Das bleibt ganz dir und der Situation überlassen. Auch ich handhabe dies ganz unterschiedlich. Es kommt immer darauf an, in wie weit der Patient mit der Geistheilung und ihren Gesetzmäßigkeiten vertraut ist.

Ist dein Patient sehr nervös und kann sich über den Atem nicht entspannen, so kannst du ihn mit den Messmerschen Strichen schnell beruhigen. Bitte den Patienten nach Möglichkeit, sich hinzulegen. Sollte dies nicht möglich sein, kannst du diese magnetischen Striche auch im Sitzen ausführen. Bitte ihn, die Augen zu schließen und normal und entspannt zu atmen. Konzentriere dich auf die strahlend weiße Christussonne über deinem Kopf. Atme das Christuslicht ein, und sende es beim Ausatmen durch deine beiden Hände. Nachdem du dies mehrere Male gemacht hast und die Energie in deinen Händen spürst, beginne ähnlich wie beim Aurareinigen, etwa dreißig Zentimeter über dem Körper, am Kopf beginnend, bis zu den Füßen entlangzustreichen. Die Handinnenflächen zeigen zum Körper, die Finger bleiben geschlossen. Wenn du an den Füßen angelangt bist, schlage die Hände kräftig aus. Streiche fünf bis siebenmal in dieser Weise über den Energiekörper deines Patienten. Diese Übung wird nur an der Vorderseite des Patienten durchgeführt. Du wirst merken, wie er schnell ruhig wird.

Nun kannst du mit der Geistheilung beginnen. Dein Patient sitzt nun entspannt auf einem Stuhl oder einem Hocker. Bei Rückenproblemen ist es das Beste, ihn auf einen Hocker zu setzen, weil du so am besten seinen Rücken erreichen kannst.

Geistheilung wird immer am bekleideten Patienten durchgeführt. Wenn du Arzt oder Heilpraktiker bist und deinen Patienten vielleicht massieren möchtest, so kannst du natürlich gleichzeitig die Geistheilung mit einfließen lassen.

Stelle dich hinter ihn, und lege ihm für eine Weile deine Hände auf die Schultern. So fühlt er sich angenommen und geborgen. Bitte ihn, seine Augen zu schließen und ruhig und entspannt zu atmen. Du bittest nun deinen Geistarzt, an deine Seite zu kommen, um dir zu helfen. Er hat die Probleme deines Patienten gehört, oder du hast sie ihm vorgetragen. Sage nun dreimal hintereinander:

„ICH BIN Kanal für die göttliche Heilkraft.

ICH BIN Kanal für die göttliche Heilkraft.

ICH BIN Kanal für die göttliche Heilkraft."

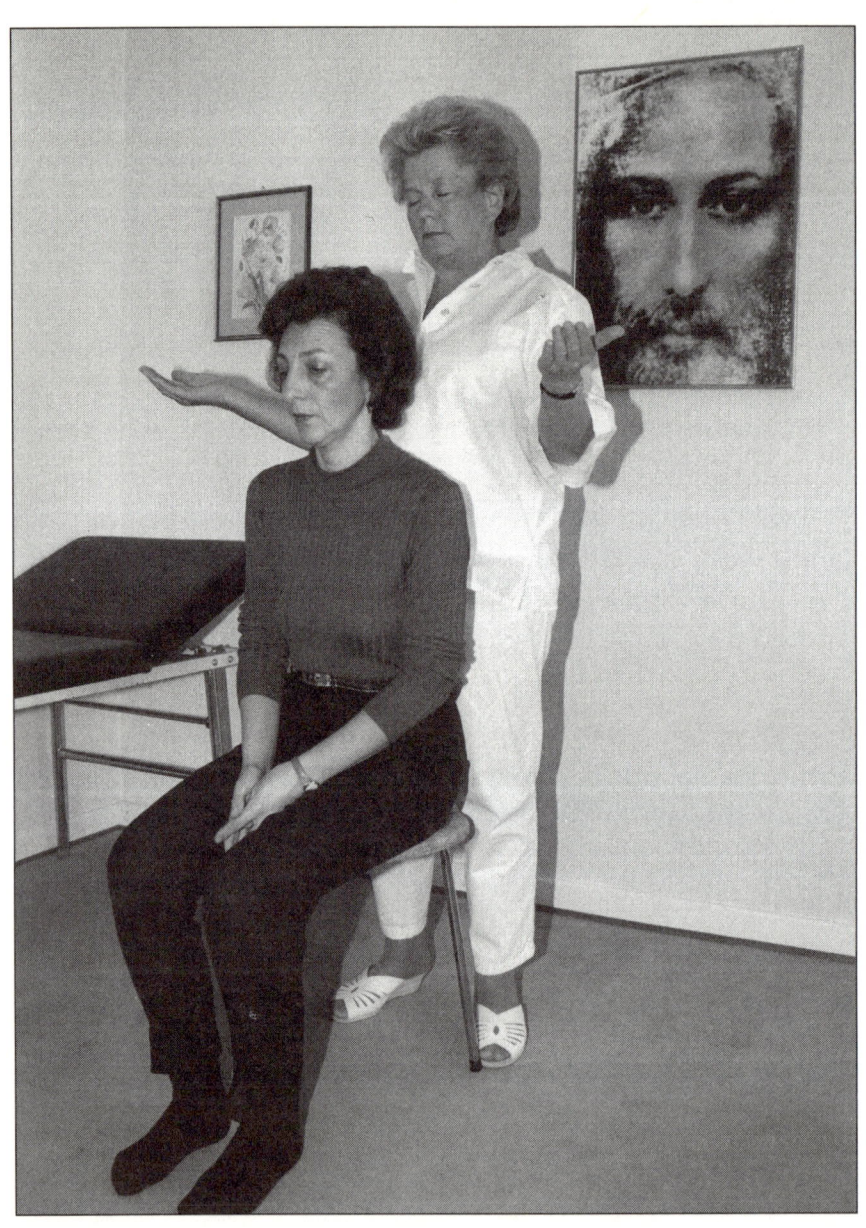

Elisabeth Dude stimmt sich auf die Christuskraft ein.

Konzentriere dich auf die weiße Christussonne über deinem Kopf, und leite das Licht, wie schon beschrieben, in deine Hände. Gleite nun mit der rechten Hand zu dem Teil des Körpers deines Patienten, der der Heilung bedarf. Die linke Hand geht auf der gegenüberliegenden Körperseite mit. Es wird immer gegengleich behandelt. Nachdem du eine Weile die Heilungskraft zu dem erkrankten Körperteil hast fließen lassen, frage deinen Patienten, wie es ihm geht und ob der Schmerz nachgelassen oder aufgehört hat. Mit zunehmender Erfahrung wird die Heilung immer schneller gehen. Manche Heilerfolge lassen allerdings auf sich warten. Bedenke, daß es nicht an dir liegt, wenn eine Heilung nicht gleich stattfindet. Es ist gut, wenn du deinem Patienten erklärst, daß jede Heilung nur innerhalb der kosmischen Gesetze geschehen kann und oftmals auch Zeit braucht.

Wisse: Chronische Krankheiten brauchen länger als akute. Wenn es sich um Organerkrankungen handelt, läßt sich der Heilerfolg oft nicht gleich nachweisen. Hier ist vom Heiler und Patienten Geduld erforderlich.

Darum: Mache niemals Heilungsversprechen! Halte auch nie einen Patienten davon ab, bei schweren Erkrankungen zum Arzt zu gehen. Mir ist es schon passiert, daß ich einer Patientin, die an sehr hohem Blutdruck litt, dringend geraten habe, den Arzt aufzusuchen. Nachdem ich sie mehrmals darum gebeten hatte, aber nur auf Ablehnung stieß, habe ich mir zu meiner Sicherheit ein Revers unterschreiben lassen, daß sie den Arztbesuch ablehne. Der hohe Blutdruck senkte sich nach mehreren Behandlungen, und die Gefahr war gebannt.

Bei karmischen Erkrankungen kannst du oft nur eine Linderung erreichen. So enttäusche den Patienten nicht, indem du ihm etwas versprichst, was du nicht halten kannst. Du tust ihm damit keinen guten Dienst. Du bist der Kanal und überläßt es vertrauensvoll der Gotteskraft, ob und wann die Heilung geschieht.

Jeder ernsthaft arbeitende Geistheiler wird sich vor Showeffekten hüten. Er würde damit nur der Sache schaden. Es gibt immer wieder "Heiler", die sich zu geradezu spektakulären schauspielerischen Darstellungen hinreißen lassen. Sie sind auf einem "Ego-Trip". Auf diese Weise kommt die Geistheilung nur in Verruf.

Jede Krankheit muß individuell behandelt werden. Jede Erkrankung hat psychosomatische Ursachen, die dem Patienten oft nicht bewußt sind. Die Krankheit wird erst dann dauerhaft ausheilen, wenn auch die seelischen Gründe beseitigt sind. Bei jeder Heilung ist das Vertrauen des Heilers unerläßlich und das Vertrauen des Patienten hilfreich.

Wir wollen nun auf die Behandlung der am häufigsten vorkommenden Krankheiten eingehen. Wenn du Schwierigkeiten mit der Behandlung einer Krankheit hast, kannst du mich gerne anrufen. Meine Adresse findest du am Ende des Buches.

Erkrankungen der Wirbelsäule

$\mathcal{D}$azu gehören auch alle Nebenerkrankungen, die mit der Wirbelsäule zusammenhängen. Hierzu zählen der Hexenschuß, Schmerzen im Verlauf der Ischiasnerven, Schulter- und Nackenverspannungen, Muskelrheuma, Multiple Sklerose und viele andere Beschwerden. Es wäre gut, wenn jeder Geistheiler sich mit den organischen Abläufen der Wirbelsäule und den Funktionen der Bandscheiben und der austretenden Nervensträngen vertraut machen würde. Gerade von der Wirbelsäule aus entstehen, sozusagen als Fernwirkungen, viele Erkrankungen. Hier lassen sich mit der Geistheilung viele Probleme lösen. Bei vielen Erkrankungen spielen auch Verhärtungen und Stauungen im Gewebe eine große Rolle. Hier kann der Geistheiler die Verhärtungen auflösen, die Stauungen beseitigen und somit die Energie wieder zum Fließen bringen.

Versteifungen der Wirbelsäule können sich als Hexenschuß oder Ischiasschmerzen bemerkbar machen. Durch die Schonhaltung, die der Patient bei Schmerzen automatisch einnimmt, um dem Schmerz auszuweichen, setzt sich die Stauung immer weiter fort. Mit Hilfe der geistigen Haltung kann die Versteifung aufgelöst und die Wirbelsäule entlastet und meistens wieder voll beweglich gemacht werden. Da die Wirbelsäule eng mit dem ersten Chakra zusammenhängt, sollte dieses stets überprüft und, wenn notwendig, energetisiert und aufgeladen werden.

Nachdem du die Aura deines Patienten gereinigt hast, bitte ihn, sich auf einen Hocker zu setzen und entspannt zu atmen. Es wäre schön, wenn er sich vorstellen kann, wie die Liebe Gottes ihn durchfließt und ihr heilendes Werk tut. Dies ist allerdings nicht bei allen Patienten möglich. Hier kommt es auf dein Fingerspitzengefühl an. Du kannst bei der Heilung stehen oder sitzen. Wichtig ist, daß du sie im entspannten Zustand geben kannst.

Bitte zunächst deinen Geistarzt um Hilfe. Stimme dich wieder ein, wie schon beschrieben, und lege dann die rechte Hand auf die Wirbelsäule, etwa in der Höhe zwischen Brust- und Lendenwirbelsäule. Die linke liegt gegengleich an der Vorderseite des Patienten. Stelle dir vor, wie das Christuslicht alle Verhärtungen und Verspannungen aufzulösen beginnt. Gehe dann langsam zum unteren Ende der Wirbelsäule, und lockere mit der Christuskraft langsam Wirbel für Wirbel. Wenn du am Ende der Halswirbelsäule angekommen bist, beginne den ganzen Rücken sanft auszustreichen. Streiche auch die Muskeln aus, von der Wirbelsäule aus zu den Seiten. Dein Patient wird dies als sehr angenehm empfinden. Frage den Patienten zwischendurch, ob der Schmerz verschwunden ist. Lasse ihn sich im entspannten Zustand langsam bewegen, damit er es besser beurteilen kann. Das Ziel der Heilbehandlung ist, daß der Patient sich wieder frei und ohne Schmerzen bewegen kann. Manche Patienten haben zunächst Angst, sich zu bewegen, weil sie von der Unbeweglichkeit ihrer Wirbelsäule überzeugt sind. Hier ist großes Einfühlungsvermögen des Heilers gefragt, um dem Patienten zu helfen. Hier darf niemals Gewalt angewendet werden, alles muß ganz sanft geschehen. Lasse ihn sich langsam vorwärts und rückwärts beugen, bis die Wirbelsäule ihre volle Mobilität wiedererlangt hat.

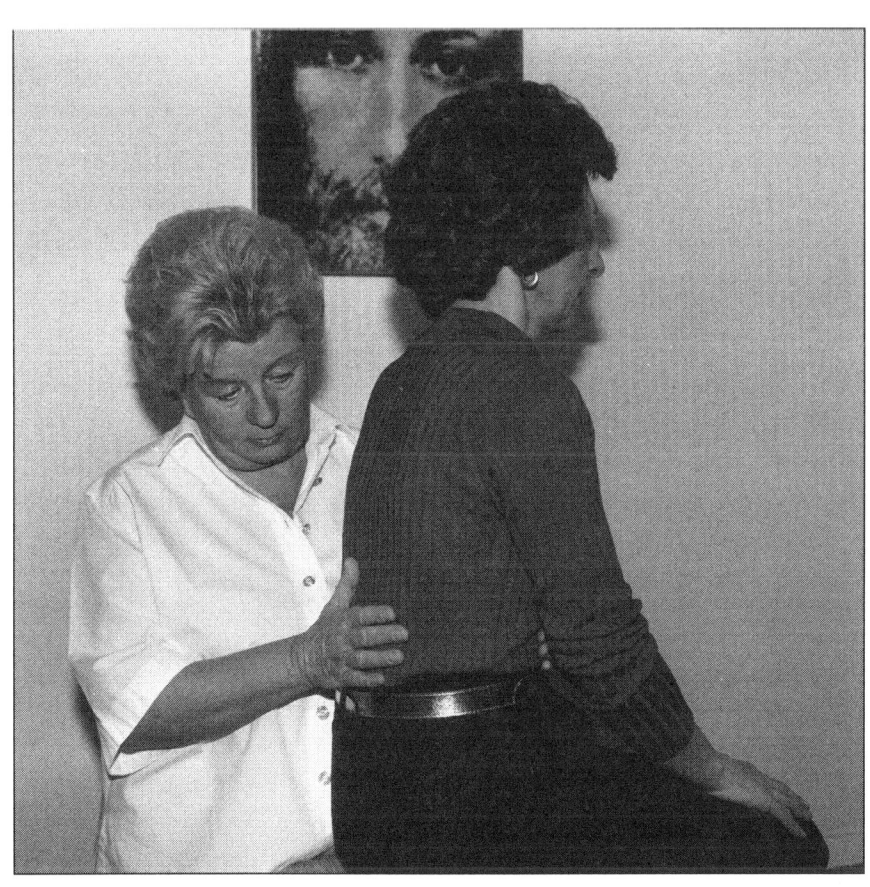

Elisabeth Dude bei der Rückenbehandlung

Sollte dies nicht gleich beim ersten Mal gelingen, so kannst du den Patienten bitten, zu einer zweiten Behandlung zu kommen. Beginne stets dort mit der Behandlung, wo der größte Schmerz oder die größte Steifigkeit ist, es sei denn, dein Geistarzt empfiehlt dir etwas anderes. Halte während der ganzen Heilbehandlung dein Bewußtsein mit dem Christuslicht, dem Geistarzt und dem Patienten verbunden. Der Name der Erkrankung spielt für dich als Heiler keine Rolle. Die Geistärzte kennen die Diagnose und sind in der Lage, die Heilkraft entsprechend zu dosieren. Wenn du die Diagnose kennst, teile sie den Geistärzten mit. Bedenke aber immer: *Du bist nur der Kanal für die göttliche Heilkraft!*

Schmerzen in den Beinen rühren oft von der Wirbelsäule her. Ich denke hier besonders an Ischiasschmerzen. Der Ischiasnerv ist der Nerv, der die Beine versorgt. Er entspringt in der Wirbelsäule. So sollte mit der Behandlung auch in der Lendenwirbelsäule begonnen werden. Stelle dir vor, daß das Christuslicht den eingeklemmten oder gereizten Ischiasnerv befreit und alle Schmerzen beseitigt.

Schmerzen in den Hüftgelenken sollten immer von der Wirbelsäule aus beginnend behandelt werden.

Auch viele rheumatische Erkrankungen haben ihren Ursprung in der Lendenwirbelsäule. Von hier aus beginnt man auch die Behandlung der Hüftarthrose. Selbstverständlich werden die Hüften auch über dem Hüftknochen behandelt. Nach der Behandlung streiche die Beine gut aus, vom Becken aus beginnend. Dann überprüfe die Beweglichkeit des Hüftgelenks, indem du das Bein des Patienten vorsichtig anhebst, und fühlst, wie weit der Patient die Hüfte wieder bewegen kann. Du kannst den Patienten auch aufstehen lassen und ihn auffordern, vorsichtig das Bein zu bewegen. Frage ihn, in welchem Bereich seines Lebens Angst besteht, vorwärtszugehen.

Bei Knieschmerzen kannst du in ähnlicher Weise verfahren. Setze dich vor deinen Patienten hin. Lege zunächst die Hände wieder gegengleich um sein Knie. Du kannst dafür auch sein Knie auf deine Oberschenkel legen. Verfahre so, wie es dir und dem Patienten am angenehmsten ist. Bitte darum, daß alle Blockierungen im Kniegelenk aufgelöst werden. Zum Schluß der Behandlung streiche die Beine nach unten aus. Versuche dann vorsichtig, das Kniegelenk zu bewegen, und frage den Patienten, ob er noch Schmerzen hat. Frage ihn auch, in welchem Bereich seines Lebens er Angst hat, seine Integrität zu verlieren.

Bei Knöchelproblemen kannst du genauso verfahren. Streiche hier anschließend auch beide Füße mit aus.

Ein weitverbreitetes Problem ist der Phantomschmerz. Nach Amputationen tritt der Schmerz an der Stelle auf, wo vorher das entsprechende Glied gewesen ist. Das Problem liegt darin, daß das Glied im Ätherkörper, der ein genaues Doppel des physischen Körpers ist, noch vorhanden ist. Der Ätherkörper „vermißt" sozusagen sein physisches Doppel und äußert dies in Form von Schmerz. Hier kannst du sehr hilfreich wirken, indem du dort behandelst, wo der Arm oder das Bein vormals gewesen ist, also an den Zehen oder den Fingerspitzen. Einige meiner Schüler haben es bereits mit großem Erfolg angewandt.

Beim Schulter-Armsyndron, bei Schmerzen im Schulter- und Nackenbereich verfahre genauso. Auch Schmerzen in den Armen rühren oft von der Halswirbelsäule her. Lege deine rechte Hand in den Nacken des Patienten, um hier zunächst mit der Christuskraft alle Verspannungen und Blockaden aufzulösen.

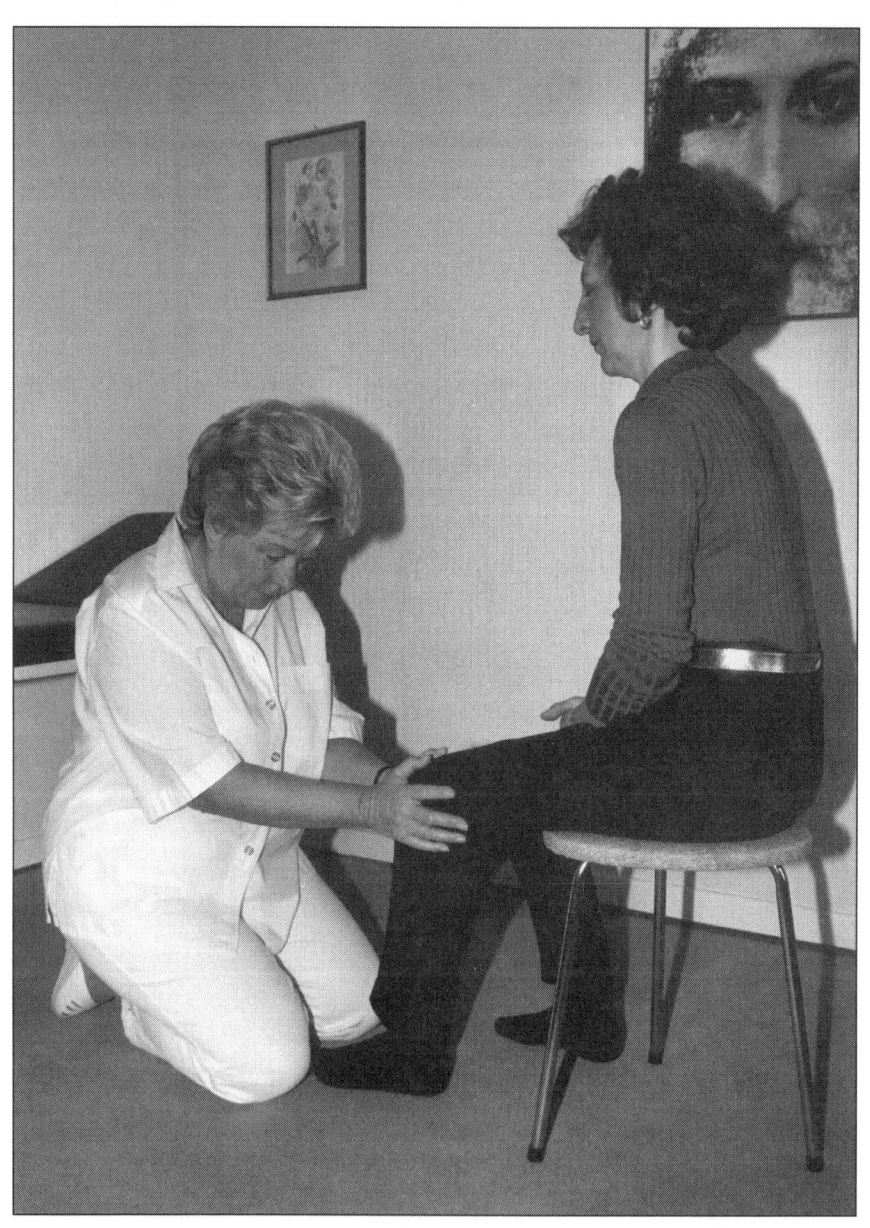

Elisabeth Dude bei der Kniebehandlung

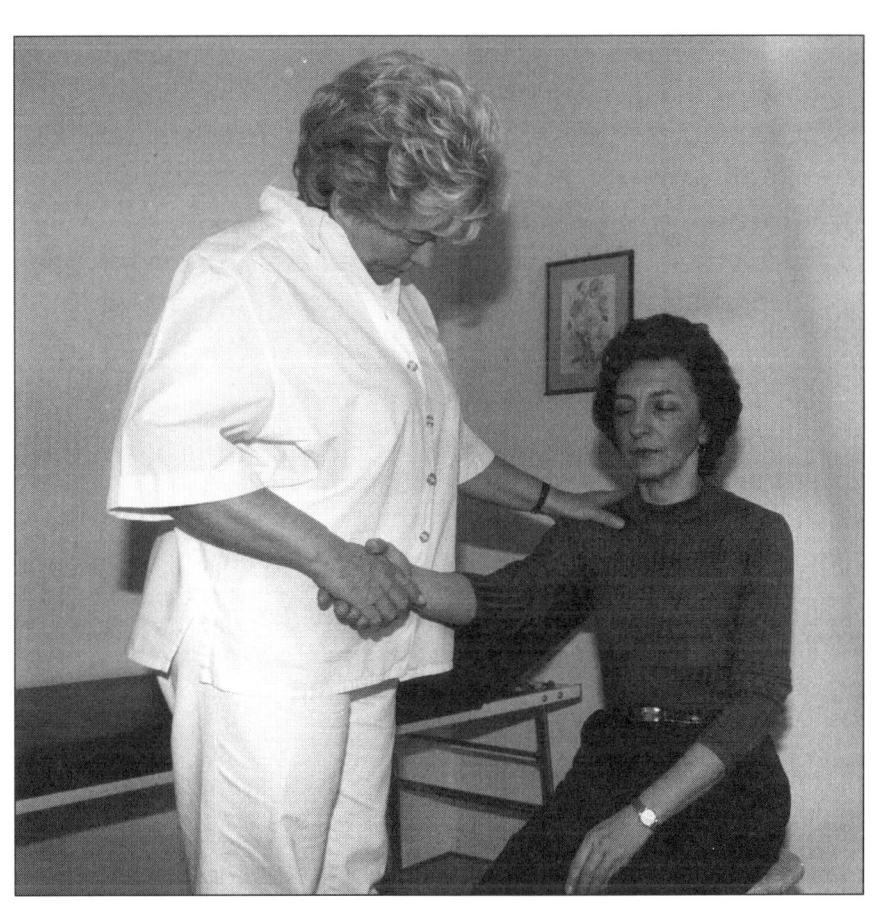

Elisabeth Dude bei der Schulterbehandlung

Auch bei den Schultern wird stets gegengleich gearbeitet. Streiche dann den gesamten Schulter- und Nackenbereich aus. Als nächstes bitte den Patienten, den Kopf langsam nach rechts und links zu bewegen. Bitte ihn, auch die Schultern vorwärts und rückwärts kreisen zu lassen, damit du sehen kannst, inwieweit die Beweglichkeit wiederhergestellt ist. Sollten noch Bewegungseinschränkungen bestehen, ist es sinnvoll, den Patienten wiederkommen zu lassen. Beim Schulter-/Armsyndrom sind die geistig-seelischen Hintergründe oft im Bereich der Verantwortlichkeit zu suchen. Für viele Menschen ist die Verantwortung, die sie zu tragen haben, zur Last geworden, und sie spüren darüber eine große Unwilligkeit. Manche Menschen laden sich zu viel Verantwortung auf. Auch das kann Schulterprobleme verursachen. „Sie tragen eine große Last auf ihren Schultern."

Schulterprobleme auf der linken Seite haben in der Regel mit dem weiblichen Aspekt zu tun. Es ist auch die familiäre Seite. Schmerzen im linken Schulterbereich deuten oft auf ungeklärte Mutterprobleme hin.

Die rechte Schulter steht für das handelnde, männliche Prinzip. Hier geht es oft um ungelöste Vaterprobleme. Diese Schulter hat auch etwas damit zu tun, ob sich der betreffende Mensch behaupten kann - das kann zu viel oder zu wenig sein.

Handelt es sich um eine Arthrose des Schultergelenkes, so lege deinem Patienten die rechte Hand auf die Schulter, die linke Hand hält den Arm des Patienten fest. Prüfe zunächst, inwieweit das Schultergelenk in seiner Bewegung eingeschränkt ist.

Stimme dich ein auf die Christuskraft. Spüre, wie die Heilkraft durch dich hindurchfließt und das Schultergelenk mobilisiert. Behandle hier auch immer das nächste Gelenk mit, also im Falle des Schultergelenks das Ellenbogengelenk. Wenn du innerlich das Gefühl bekommst, daß die Heilkraft die Schulterblockade aufgehoben hat, beginne langsam und vorsichtig, den Arm zu bewegen, oder bitte den Patienten, langsam seine Schultern kreisen zu lassen, nach vorne und nach hinten. Wende niemals Gewalt an! In erster Linie gilt: Füge niemandem Schaden zu!

Glätte dann, hinter dem Patienten stehend, die Aura. Beginne bei den Schultern, und streiche über die Ellenbogen aus.

Bei Schmerzen in den Ellenbogen, verfahre wie bei der Schulter. Nimm den Ellenbogen in beide Hände, und lasse die Heilkraft hindurchfließen und alle Blockaden lösen. Danach bewege vorsichtig den Ellenbogen und frage den Patienten, ob er noch Schmerzen hat. Streiche dann den ganzen Arm aus.

Ich erinnere mich gut an eine Patientin, die immer wieder Schmerzen in den Ellenbogen hatte. Ich fragte meinen Geistführer nach der Ursache, und er sagte: *"Sie hat sich ständig durchs Leben geboxt. Die Zeit des Kampfes sollte nun aber vorbei sein."* Nachdem sie dieses Muster erkannt und verändert hatte, kamen auch den Schmerzen nicht mehr zurück.

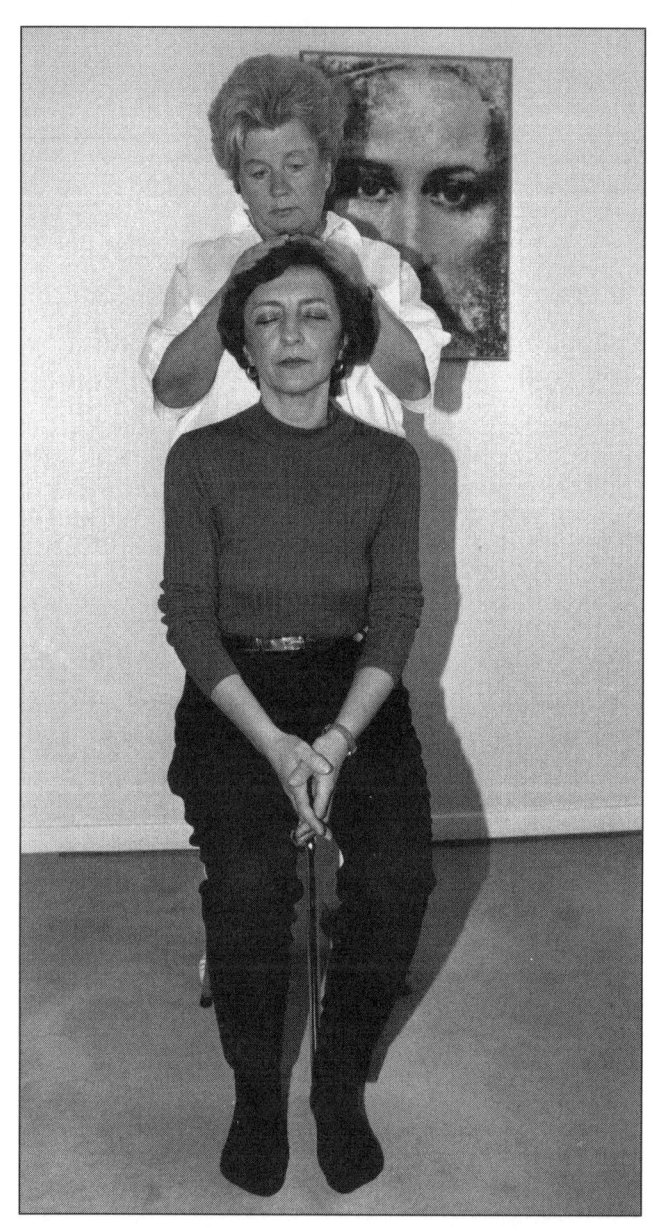

Heilbehandlung der Kopfschmerzen

Kopfschmerzen

$\mathcal{E}$in weit verbreitetes Übel der heutigen Zeit sind Kopfschmerz und Migräne. Grundsätzlich sollte ein länger anhaltender Kopfschmerz ärztlicherseits abgeklärt werden. Frage auch nach den seelischen Ursachen. Viele Frauen leiden an der Wochenendmigräne. Hier kann die seelische Ursache im familiären Bereich liegen. Häufig ist der Hintergrund darin zu suchen, daß der Mensch am Wochenende nicht arbeitet. Wird er aber in seinem Wert nur durch die Arbeit bestätigt, fällt diese am Wochenende weg, fühlt er sich "wertlos", dieses Gefühl löst dann oft die Migräne aus.

Kommt ein Patient mit Kopfschmerzen zu dir, so wirst du meistens feststellen, daß er verspannt ist. Nachdem du seine Aura gereinigt hast, lasse ihn sich über den Atem entspannen. Ist er dazu nicht in der Lage, mache zunächst die Messmerschen Striche. Sie wurden von dem Französischen Arzt Dr. Messmer erfunden und nach ihm benannt.

Stelle dich hinter ihn, und bitte deine Geistärzte um Hilfe. Lege dem Patienten die Hände auf die Schultern. Stimme dich auf das Christuslicht ein. Lege deinem Patienten deine beiden Hände auf die Stirn, und verweile hier eine Zeitlang. Beginne dann von der Stirn aus, langsam und leicht beide Hände über den Kopf des Patienten zu ziehen, bis über den Nacken und die Schultern. Wiederhole dies einige Male. Frage dann den Patienten, ob der Kopfschmerz nachgelassen oder ob er sich aufgelöst hat. Sollten noch Restschmerzen da sein, so wiederhole diese Übung einige Male. Du kannst auch langsam und vorsichtig, von der Schädelbasis aus rechts und links der Halswirbelsäule, nach unten streichen. Zum Abschluß der Behandlung streiche die Schultern gut aus und auch den gesamten Rücken. Bei immer wiederkehrenden Kopfschmerzen ohne organische Ursache, gilt es, wie schon beschrieben, nach der seelischen Ursache zu forschen und diese zu beseitigen. Hier kann auch ein Energiemangel des zweiten und dritten Chakras der Grund sein. Oftmals sind auch entzündete Nasennebenhöhlen und Kieferhöhlen an chronischen Kopfschmerzen beteiligt. Diese müssen mitbehandelt werden. Dies kannst du am besten über deine Fingerchakren tun. Leite das Christuslicht in deine Fingerbeeren, in denen sich die Fingerchakren befinden. Gleite dann mit deinen Fingern vorsichtig über die Nasennebenhöhlen und die Kieferhöhlen. Hier sollten möglicherweise vorhandene Herde beseitigt werden.

An dieser Stelle möchte ich ein Erlebnis mit dir teilen, für das ich sehr dankbar bin. Während meines Urlaubs auf Lanzarote, wo ich große Teile dieses Buches geschrieben habe, begegnete mir am Schwimmbad ein Engländer. Er hielt sich den Kopf und sah sehr unglücklich aus. Ich fragte ihn, ob er Kopfschmerzen habe. Und er erzählte mir, daß er seit vierzehn Monaten unentwegt unter starken Kopfschmerzen leide. Ich fragte ihn als erstes, ob er seine Schmerzen beim Arzt hätte röntgenologisch abklären lassen. Er sagte mir, daß dort nichts zu finden sei. Seine Frau erzählte mir, daß sich durch die ständigen starken Schmerzen ihres Mannes ihr ganzes Leben verändert habe. Er tat mir leid, und ich fragte ihn, ob ich versuchen sollte, den Schmerz zu lindern, und er bejahte dies. Ich bat ihn, sich auf seinem Liegestuhl zu setzen und die Augen zu schlie-ßen. Ich stimme mich ein auf die Christuskraft und ließ sie durch meine Hände fließen und strich dabei ganz sanft über seinen Kopf. Ich begann an der Stirn und strich über die Mitte seines Kopfes, bis nach hinten zu den Schulterblättern. Nach einer ganz kurzen Zeit leuchtete vor meinem dritten Auge eine kleine blaue Lampe auf, und ich wußte, die Heilung war geschehen. Ich fragte ihn, ob er noch Schmerzen habe. Er schaute mich sehr verdutzt an und sagte: "Es ist unglaublich, aber der Schmerz ist weg." Ich bat ihn, mir Bescheid zu sagen, wenn der Schmerz sich wieder einstellen sollte. Ich fragte ihn während der nächsten Tage mehrfach, ob er noch Schmerzen habe. Aber der Schmerz kam nicht wieder. Ich war von ganzem Herzen dankbar, daß ich ihm helfen durfte. Er aber fragte mich, wie das denn möglich sein könne. Ich erklärte ihm die geistige Heilung. Er hörte mir zwar interessiert zu, aber ich merkte doch, daß er es nicht so recht glauben konnte. Aber immerhin ein Samenkorn ist gesät. Er erzählte allerdings einer Freundin davon, die seit langem Rückenschmerzen hatte. Sie kam und bat mich, auf seine Empfehlung hin, um Heilung. Schon nach der ersten Heilbehandlung waren die Schmerzen wie weggeblasen. Meine Geistärzte sagten mir, daß sie auch Schmerzen in den Schultern habe, was die Patientin bejahte. Sie hatte es nicht erwähnt, weil sie seit Jahren an diese Schmerzen gewöhnt war. Die Christuskraft hat ihr auch diese Schmerzen genommen. Ich bekam dann auch noch Botschaften für die Ursache der Erkrankung. Ich teilte sie ihr liebevoll mit, und sie konnte es annehmen. Auch bekam sie von Zeit zu Zeit Depressionen, gegen die sie völlig machtlos war. Auch hier versprach die geistige Welt zu helfen. Meine Patientin und ich haben Gott gedankt, für die wunderbare Hilfe.

Wie ich erst später erfuhr, war dieses Zusammentreffen von der geistigen Welt geführt worden. Der Patient mit den Kopfschmerzen hatte auf Lanzarote ein Apartment gebucht. Dieses Apartmenthotel war überbucht, und man hatte ihn und seine Frau in meinem Hotel untergebracht. Dadurch hatte er sich mit dem anderen Ehepaar angefreundet, ~~wo die Frau meine Patientin wurde.~~ So war dies kein zufälliges Zusammentreffen.

angefreundet; die Frau wurde dann meine Patientin.

Hautkrankheiten

$\mathcal{I}$n der heutigen Zeit nehmen die Hautkrankheiten immer mehr zu. Hier sind besonders die Ekzeme, Neurodermitis und die Schuppenflechte für den Patienten sehr quälend. Sie sind sowohl allopatisch wie auch naturheilkundlich schwer zu behandeln. Zumeist werden hier nur die Symptome behandelt und die Ursachen wenig bedacht. Langsam beginnt auch die Schulmedizin anzuerkennen, daß die Ursachen vieler Hauterkrankungen psychosomatischer Natur sind. Auch Allergien nehmen immer mehr zu. Viele Patienten leiden unter starkem Juckreiz, der sie oft Tag und Nacht quält. Die Ärzte stehen dem oftmals ratlos gegenüber, und die Patienten fühlen sich allein gelassen. Es werden Allergietests gemacht, mit denen man herausfinden kann, wogegen der Patient allergisch ist. Viele Menschen sind aber gegen so viele Nahrungsmittel und andere Stoffe allergisch, daß sie oft nicht mehr wissen, was sie noch essen sollen. Dies schränkt ihre Lebensqualität oft sehr stark ein.

Da die Geistheilung dort behandelt, wo die Krankheiten entstanden sind, auf der geistigen Ebene, kannst du gerade bei Hauterkrankungen sehr segensreich wirken. Hauterkrankungen lassen sich gut über die einzelnen Chakren behandeln, aber auch durch Fernheilung.

Es wäre sehr schön, wenn die Mütter der Kinder, die an Neurodermitis erkrankt sind, die Geistheilung erlernen könnten.

Wieviel Linderung könnten sie ihren Kindern bringen, die oft von einem unerträglichen Juckreiz geplagt werden.

Hauterkrankungen lassen sich sehr gut über die erste Aura, die etwa sechs bis sieben Zentimeter über dem Körper liegt, behandeln. Beginne wieder damit, die Aura deines Patienten zu reinigen. Mache anschließend die Messmerschen Striche. Bitte deine Geistärzte, an deine Seite zu kommen, um dir zu helfen. Stimme dich auf das Christuslicht ein, und gleite dann vom Kopf aus nach unten mit dem Christuslicht über die erste Aura deines Patienten. Überprüfe dann die Energie der einzelnen Chakren, und gleiche sie aus. Bei den meisten Hauterkrankungen wirst du feststellen, daß die ersten drei Chakren nicht ausgeglichen sind. Reinige zwischendurch immer wieder die Aura. Du kannst auch das violette Licht der Reinigung, vom Kopf des Patienten aus, durch ihn hindurchfließen lassen. Bitte dann die reinigende violette Flamme, ihr erneuerndes Werk zu tun und alles hinwegfließen zu lassen, was verschmutzt war. Du wirst feststellen, daß der Patient spürt, daß etwas von seinem Körper abzufließen beginnt.

Hier ist es auch sinnvoll, die Nebennieren mitzubehandeln, die das körpereigene Kortison anregen.

Durch die Geistheilung heilst du die Seele deines Patienten, wo die Krankheit ihren Ursprung nahm. Die Haut wird dann von selbst heilen. Es wäre für den Patienten ratsam, regelmäßig zu meditieren, um zur Ruhe zu kommen.

Auch sollte man bei länger anhaltenden Hauterkrankungen immer eine Darmreinigung vornehmen. Viele Allergien entstehen durch ein verschlacktes Darmmilieu.

Bei der Gürtelrose, die für viele Menschen ein langes Leiden bedeutet, kannst du ebenso verfahren. Die Viren setzen sich gerne auf den Nervenbahnen fest und verursachen hier oft lange Zeit unerträgliche Schmerzen. Beginne hier zunächst wieder mit der Aurareinigung. Lege dann deine Hände im Verlauf der Schmerzen auf. Oft sind es einzelne Stellen, die zu behandeln sind, meistens jedoch der gesamte Nervenverlauf. Bitte darum, daß die Christuskraft alle Viren abtöten und ausscheiden möge. Reinige zwischendurch immer wieder die Aura. Lege deine Hände auch auf den Solarplexus auf, um hier Ruhe, Kraft und Ordnung zu übertragen.

Zu mir kommen oft Patienten mit chronischer Akne. Sie leiden seelisch darunter, weil oft das ganze Gesicht und häufig auch der Rücken mit eitrigen Pusteln übersäht sind. Hier ist es sehr sinnvoll, zunächst einmal eine Mayrkur zur Darmreinigung zu machen, um den Darm und alle Zellen des Körpers von Giftstoffen zu befreien.

Beginne die Behandlung damit, daß du die Aura fünfmal reinigst. Dann bitte deinen Patienten, sich auf einen Stuhl zu setzen und stelle dich dahinter. Bitte ihn, entspannt ein- und auszuatmen. Bitte dein Hohes Selbst um das violette Licht der Reinigung. Lasse es in deine Hände fließen. Halte beide Hände im Abstand von etwa dreißig Zentimetern über den Kopf deines Patienten, und lasse das reinigende violette Licht in seine Aura fließen. Visualisiere, wie das reinigende Licht alle Verunreinigungen nach unten abfließen läßt.

Reinige dann alle Chakren, beginnend bei dem ersten Chakra, und lade sie mit der entsprechenden Farbe wieder auf.

Stelle dich dann wieder hinter deinen Patienten, und lege ihm die Hände auf die Schultern. Stimme dich ein auf das Christuslicht, und lasse es in deine Hände fließen. Bitte deine Geistärzte, an deine Seite zu kommen und dir zu helfen. Lege deinem Patienten beide Hände auf die Stirn, und streiche ganz sanft die Lymphbahnen aus, bis zum Schlüsselbein. Lasse dann das Christuslicht sein heilendes Werk tun, indem du es in die Haut deines Patienten einfließen läßt. Du mußt Patienten mit einer schweren und chronischen Akne sicherlich mehrmals bestellen. Ich behandle sie auch immer in der Fernheilung mit.

Ich erinnere mich noch gut an einen Patienten, der an einem Lupus eritimatos litt. Die Universitätsklinik hatte diese Diagnose gestellt. Er kam zu mir und bat mich um Hilfe. Es handelte sich um einen sehr netten jungen Mann. Ich erschrak bei der Diagnose, denn es ist eine sehr schwere Krankheit, und ich wollte die Behandlung gar nicht übernehmen. Mein Geistführer aber sagte: *"Übernimm die Behandlung, die Diagnose ist hier nicht richtig und auch nicht wichtig."*

Ich hatte damals Angst, die Verantwortung zu übernehmen. Aber die geistige Welt versicherte mir immer wieder, es sei in Ordnung. Da ich schon seit langen Jahren großes Vertrauen zu meinem Geistführer habe, glaubte ich ihm und begann mit der Behandlung. Neben der naturheilkundlichen Behandlung ließ ich bei jeder Behandlung geistige Heilung mit einfließen und behandelte auch täglich mit der Fernheilung. Zu Beginn war die Gesichtshaut des Patienten blaurot angelaufen. Mit der Zeit aber besserte sich der Zustand, und die Haut nahm eine gesunde, rosige Gesichtsfarbe an, und der Patient wurde ganz gesund. Ich bin heute noch, nach vielen Jahren, unendlich dankbar für die Heilung. Der Patient wußte zum damaligen Zeitpunkt nichts von der Geistheilung, er vertraute mir. Ohne die ständige Hilfe meiner Geistärzte hätte ich es niemals geschafft. Die Frau des Patienten hat dann später ihre Heilpraktikerausbildung erfolgreich abgeschlossen und bei mir die Geistheilung erlernt.

Magen- und Darmerkrankungen

$\mathcal{I}$mmer mehr Menschen leiden an Erkrankungen des Magens und des Darmes. Sie leiden unter ständigem Streß und kommen selten zur Ruhe. Die meisten Menschen essen zu viel und zu unregelmäßig. Sie nehmen sich nicht die Zeit, um in Ruhe zu kauen, sondern schlingen das Essen meist schlecht gekaut herunter.

Die Folgen sind: Nervöse Magenerkrankungen, zu viel Magensäure, Magen-und Zwöffingerdarmgeschwüre. Durch die schlecht gekaute Nahrung werden der Magen und der Darm extrem belastet. Die Folge davon sind auf der körperlichen Ebene Verdauungsstörungen. Auf der seelischen Ebene wird vieles "nicht verdaut", sondern verdrängt, was ebenfalls zu Störungen im physischen Bereich beiträgt. Der Magen ist der Geisteskraft des Urteilsvermögens zugeordnet und gehört zum Solarplexuschakra.

Auf der physischen Ebene beurteilt der Magen alles, was wir ihm zuführen. Er beurteilt, welche Säfte produziert werden müssen, um die einzelnen Speisen zu verdauen.

Ständiger Mißbrauch der Geisteskraft des Urteilsvermögens wird immer Magen-und Darmbeschwerden hervorrufen. Der Magen reagiert besonders stark auf negative Gedanken und Gefühle. Haß, Groll und Vergebungsunwilligkeit schädigen extrem die Struktur des Magens. Mancher Magenkranke hat ein total negatives Weltbild und ist sich selbst und anderen Menschen gegenüber sehr intolerant. Er bestraft sich wegen der kleinsten Verfehlung und wundert sich dann, wenn der Magen streikt. Auch die Angewohnheit, die manche Menschen haben, andere dauernd schlecht zu machen, um sich selbst aufzuwerten, schlägt auf den Solarplexus und kann Magen, Leber Milz und Nieren schädigen. Hilf diesen Menschen, in einen ruhigen, liebevollen Geisteszustand hineinzukommen. Vermittle ihnen ein positives Weltbild. Zeige ihnen, daß sie Gottes geliebte Kinder sind.

Hier sind vor allem das zweite und das dritte Chakra zu behandeln. Sie haben meist zu wenig Energie. Auch müssen wir dem Patienten raten, seine Lebens- und Eßgewohnheiten zu verändern. Er sollte unbedingt mehr zur Ruhe kommen.

Bei Verstopfungen sollten die Patienten die Vergangenheit loslassen und den lange anhaltenden Groll auflösen. Erinnere dich, das zweite Chakra ist das Chakra der Ausscheidung, das gilt für die mentale und körperliche Ebene. Rate deinem Patienten, sein Unterbewußtsein nach den Menschen zu durchforsten, die ihm Unrecht getan haben und ihnen zu vergeben. Hier gilt es auch, alte, den Organismus schädigende Verhaltensmuster, loszulassen. Patienten mit zu starker Magensäureproduktion sollten sich einmal fragen, worüber sie "sauer" sind. Der Grund dafür ist oftmals im Unterbewußtsein verborgen. Bitte deine Geistärzte, dir die Ursache zu zeigen. So kannst du sie dem Patienten, wenn er es möchte, vorsichtig und liebevoll vermitteln. Auch Menschen, die ständig sich und andere kritisieren, bekommen oft Magenprobleme. Durch eine liebevolle Annahme ihrer selbst und ihrer Mitmenschen, können diese Patienten bereits einen großen Schritt in Richtung Heilung machen.

Du kannst deinen Patienten auch das kosmische Atmen empfehlen. Hierzu stellt er sich beim Einatmen vor, daß er göttliche Heilkraft einatmet und beim Ausatmen alles losläßt, was
für ihn nicht mehr gut ist. Bitte ihn, dies täglich mehrmals zu
praktizieren. Es wäre auch gut, ihm die Meditation nahezu-
bringen, damit er mehr und mehr zur Ruhe finden kann.

Bei der Behandlung ist es wichtig, dem Patienten über den
Solarplexus Ruhe zu vermitteln. Reinige zuerst die Aura. Anschließend führe die Messmerschen Striche durch. Setze den
Patienten auf einen Stuhl und lasse ihn ruhig atmen. Bitte ihn,
sich vorzustellen, wie mit jedem Ausatmen alles von ihm abfällt, was ihn belastet hat.

Überprüfe die Energie der einzelnen Chakren. Hierbei wirst
du feststellen, daß die unteren drei Chakren zuwenig Energie
haben. Es kann auch sein, daß die Energien hier gestaut sind.
Sollte dies der Fall sein, so reinige zunächst die entsprechenden Chakren.

Nimm dazu deine Hand, und halte sie im Abstand von etwa
dreißig Zentimetern mit der Handfläche über das Chakra, das
du reinigen möchtest, und lasse das violette Reinigungslicht
durch deine Hand fließen. Bewege deine Hand dann langsam
gegen den Uhrzeigersinn und denke dazu: "Chakra reinigen."
Mache diese Drehbewegung siebenmal. Anschließend solltest
du das Chakra im Uhrzeigersinn wieder aufladen, ebenfalls siebenmal. Dann überprüfe erneut die Energie.

Bitte deine Geistärzte, an deine Seite zu kommen und dir zu
helfen. Stelle dich hinter deinen Patienten, und stimme dich
auf das Christuslicht ein. Lege dann deine rechte Hand über
den Solarplexus des Patienten, und lasse Ruhe und Heilkraft
einfließen. In das zweite Chakra lasse Heilkraft und Lebens-

freude einströmen. Massiere dann leicht über dem ganzen Bauchbereich im Uhrzeigersinn das Heilungslicht ein. Lege hierzu deine Hände direkt auf. Du kannst das Heilungslicht dann im Dickdarmverlauf einfließen lassen. Beginne damit auf der linken Seite, am aufsteigenden Dickdarm, und folge seinem Verlauf, quer über den Bauch, und gleite über den absteigenden Dickdarm auf der linken Seite deines Patienten herunter. Denke daran: Die linke Hand geht am Rücken immer gegengleich mit. Auf diese Weise kannst du Schmerzen und Stauungen leicht beseitigen. Länger anhaltende Schmerzen sollten immer röntgenologisch abgeklärt werden. Frage deinen Patienten zwischendurch, wie es ihm geht und ob die Schmerzen nachgelassen haben. Sollten noch Restschmerzen vorhanden sein, lasse deine Hand auf dieser Stelle etwas länger verweilen. Die linke Hand liegt wieder gegengleich am Rücken. Zum Abschluß der Behandlung kannst du noch einmal die Aura reinigen. Auch hier gilt: Chronische Erkrankungen brauchen Zeit. Dies solltest du auch deinem Patienten erklären.

Bei Darmerkrankungen ist es sehr hilfreich, dem Patienten eine Darmreinigungskur zu empfehlen, die er bei einem erfahrenen Heilpraktiker durchführen sollte. Ich denke dabei an die Darmreinigungskur nach Dr. F. X. Mayr. Ich führe sie mit meinen Patienten seit Jahren mit großem Erfolg durch. Diese Darmreinigungskur entgiftet nicht nur den Darm, sondern alle Zellen des Körpers. Auch rheumatische Erkrankungen, Hauterkrankungen, hoher Blutdruck und viele stoffwechselbedingte Erkrankungen lassen sich mit dieser Kur heilen. Später sollte dann eine Ernährungsumstellung erfolgen.

Erkältungskrankheiten

$\mathcal{A}$uch bei Erkältungskrankheiten läßt sich die Geistheilung erfolgreich einsetzen. Hierzu zählen vor allem Erkrankungen der Atmungsorgane, der Nebenhöhlen, der Bronchien und der Lunge, aber auch alle Grippalen Infekte mit all ihren Nebenerscheinungen, wie Kopf- und Gliederschmerzen und dem allgemeinen Zerschlagenheisgefühl.

Hier müssen wir uns zunächst einmal fragen, welcher seelisch-geistige Konflikt sich im Patienten abgespielt hat. Welcher seelische Konflikt ist hier in die Stofflichkeit gegangen? Was hat sich in ihm entzündet? Welches Problem konnte er nicht schlucken? Oder wem möchte er etwas husten? Zwingt ihn die Grippe einfach nur zur der Ruhe, die er sich sonst nicht gönnen würde? Wenn wir den Patienten liebevoll nach seinem seelisch-geistigem Problem fragen, kommen wir meist schnell auf den Auslöser. Wenn wir uns dann noch die verschiedenen Geisteskräfte der einzelnen Chakren ansehen, so wird jedem guten Geistheiler schnell klar, was der Patient hier braucht.

Du kannst Erkältungskrankheiten sowohl mit Kontaktheilung wie auch mit der Fernheilung behandeln. Die Wirkung ist die gleiche. Ich kombiniere auch hier wieder beides. Ich bestelle den Patienten zwei bis dreimal wöchentlich in meine Praxis und behandle ihn in der Zwischenzeit mit Fernheilung.

Beginne auch hier zunächst wieder damit, die Aura des Patienten zu reinigen. Du wirst feststellen, daß dies bei Patienten mit Infekten mehrmals während der Behandlung notwendig ist. Hier befinden sich meistens starke Verunreinigungen in der Aura. Kontrolliere dann die Chakren. Wo ist zu wenig, wo ist zu viel Energie? Du wirst merken, daß das Solarplexuschakra meist zuviel Energie hat, besonders, wenn der Patient Fieber hat. Nimm deine linke Hand, um das Chakra zu entladen und zu reinigen. Die Handfläche zeigt zum Solarplexus. Streiche gegen den Uhrzeigersinn, im Abstand von etwa dreißig Zentimetern, darüber und denke dabei: *„Chakra reinigen und entladen."* Mache dies siebenmal. Anschließend fülle das Chakra mit weißem Christuslicht. Drehe mit deiner rechten Hand im Uhrzeigersinn siebenmal im gleichen Abstand, wie beim Chakrareinigen, und sage oder denke dazu: *„Chakra aufladen."*

Bei Erkältungskrankheiten sind auch immer das Halschakra und das Herzchakra beteiligt. Überprüfe und behandle sie ebenfalls. Bei allen Erkrankungen der Nase und der Nasennebenhöhlen ist das Stirnchakra beteiligt und sollte ebenfalls in die Behandlung mit einbezogen werden.

Nachdem du die Chakren ausgeglichen hast, beginne mit der Geistheilung. Stelle dich wieder hinter deinen Patienten, und lege ihm für eine Weile die Hände auf die Schultern. Stimme dich ein auf die weiße Christussonne über dir, und lasse die Christuskraft in deine Hände fließen. Lege dem Patienten zunächst beide Hände ganz sanft neben dem Kronenchakra auf den Kopf. Gehe dann zur Stirn, lasse deine Hände einen Moment hier liegen, und streiche dann ganz sanft hinter den Ohren entlang bis zum Schlüsselbein. Auf diese Weise reinigst du die Lymphbahnen. Wiederhole diese Striche einige Male. Gehe dann zu den Kieferhöhlen, und streiche sanft mit beiden Händen von den Kieferhöhlen über die Lymphbahnen, seitlich am Hals vor-

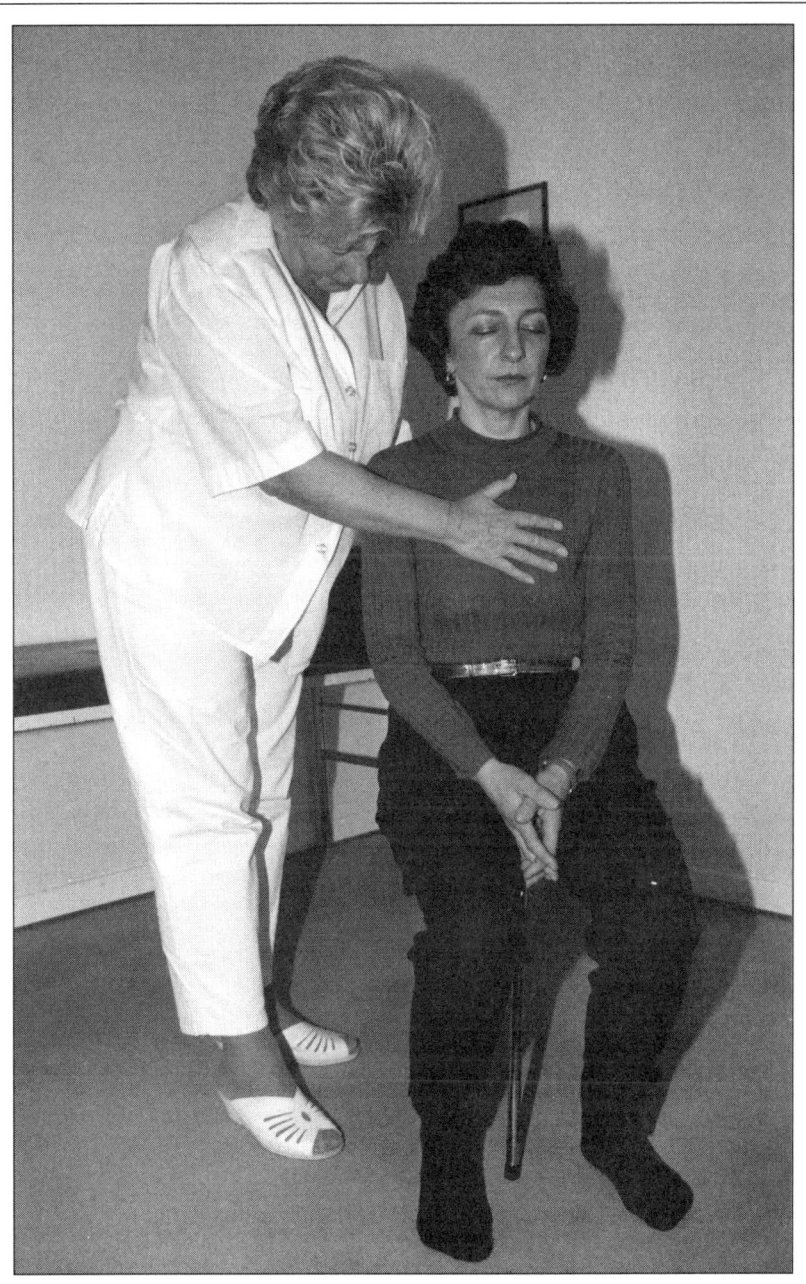

Heilbehandlung der Bronchitis

bei bis zum Schlüsselbein. Dann lege deine rechte Hand auf die Bronchien und die linke gegengleich in den Rücken. Ob du zuerst die rechte Seite der Bronchien oder die linke behandelst, spielt dabei keine Rolle. Wichtig ist, daß du während der Behandlung deine Aufmerksamkeit auf das Christuslicht gerichtet hälst. Bitte deine Geistärzte, dir dabei zu helfen und dir zu sagen, was du noch tun kannst. Reinige zwischendurch noch einmal die Aura, um die losgelösten Schlackenstoffe zu entfernen.

Du kannst dem Patienten auch die Formel von Dr. Coe mit auf den Weg geben. Bitte ihn, sie sooft wie möglich zu sagen oder zu denken:

"Es geht mir von Minute zu Minute immer besser und besser."

Krebs

$\mathcal{I}$n den letzten Jahren steigt die Zahl der an Krebs Erkrankten immer mehr. Gerade in der letzten Zeit habe ich viele Bitten um Heilung für Krebskranke erhalten. Hier bedarf es einer kontinuierlichen und länger andauernden Behandlung. Als Geistheiler wirst du auch immer wieder mit der Frage konfrontiert: „Soll ich mich operieren lassen?",„Soll ich mich bestrahlen lassen?" „Soll ich eine Chemotherapie machen?" Das sind Fragen, die dich in Konflikte bringen werden. Rate deinem Patienten nie, den Rat der Ärzte in den Wind zu schlagen. Hier kannst du nur mitbehandeln und somit die unangenehmen Nebenwirkungen dieser Therapien mildern oder ganz vermeiden. Deine Aufgabe als Geistheiler ist es nicht, den Patienten Heilungsversprechen zu machen. Du kennst die Hintergründe seiner Erkrankung nicht.

Ich erinnere mich gut an eine junge Dame, die Lyphdrüsenkrebs hatte. Sie kam zu mir zur spirituellen Lebensberatung und wollte von meinem Geistführer, Meister Eckhart, den Rat haben, ob sie sich einer Chemotherapie unterziehen sollte oder nicht. Er riet ihr, diese machen zu lassen, versprach ihr aber, daß die geistige Welt die Nebenwirkungen von ihr fernhalten würde und daß sie wieder ganz gesund werden würde. Sie unterzog sich der Behandlung und hatte keinerlei Nebenwirkungen. Er riet ihr zu bestimmten Übungen mit dem göttlichen

Licht, die sie auch regelmäßig gemacht hat. Sie hatte sehr großes Vertrauen in ihre Heilung. Sie erlernte dann bei mir die Geistheilung und ist inzwischen nicht nur vollkommen gesund, sondern auch ein wunderbarer Kanal für die geistige Heilung. So wurde ihre Krankheit für sie zu einer ganz besonderen Gnade. Sie führte sie zu ihrer Aufgabe, die sie sich für dieses Leben vorgenommen hat.

Über die Hintergründe der Krebserkrankungen ist viel geforscht worden. Krebs ist immer eine psychosomatische Erkrankung. Es liegen immer auch ins Unterbewußtsein abgedrängte Ängste zu Grunde. In der Schulmedizin spricht man heute bereits von der "Krebspersönlichkeit." Auch hier hat man erkannt, daß Menschen mit einer bestimmten Persönlichkeitsstruktur besonders anfällig für Krebserkrankungen sind. Oftmals finden wir bei diesen Patienten ein negatives Weltbild. Auch Menschen, die sich ein Leben lang in der Opferrolle befinden, sind prädestiniert für Krebserkrankungen. Sie unterdrücken ihren Ärger und möchten so gerne "everybodys darling" sein. Und doch wirkt der unterdrückte Ärger wie Dynamit und schadet dem Zellbewußtsein, das dann schließlich entartet und den Krebs hervorbringt. Auch Menschen, die sich und das Leben nicht lieben, schädigen die Struktur ihrer Zellen. Auch lange anhaltender Groll wirkt wie ein tötliches Gift auf die Zellstrukturen. Die Behandlung der Krebspatienten sollte über den Körper, aber noch mehr über den Geist erfolgen. Der Patient sollte als erstes seine Einstellung zum Leben verändern. Er muß beginnen, sich zu lieben und dem Leben mehr Wert zu geben. Alte, krankmachende Verhaltensmuster müssen losgelassen werden und durch neue Mentalprogramme ersetzt werden. Jeder Geistheiler sollte seinen Patienten hierbei behilflich sein. Erarbeite mit ihm ein positives Lebenskonzept. Hilf ihm, sich als vollkommen geheilt zu sehen. Gib ihm Hilfestellung bei der Visualisierung, und stelle mit ihm gemeinsam positive Affirmationen zusammen. Bitte ihn, sich selbst und allen Menschen zu vergeben, gegen die er Groll hegt. Negative Gedanken und Gefühle sollten vermieden werden, da sie dem ohnehin schon geschwächten Körper des Krebspatienten noch mehr Energie entziehen würden.

Beziehe den Patienten stets in seine Behandlung mit ein. Arbeite mit ihm daran, daß er sein Herzchakra entwickelt und Liebe und Toleranz lebt. Stärke die Hoffnung auf Heilung in ihm. Viele Krebskranke sind in einem Kreislauf der Angst und der Hoffnungslosigkeit gefangen, aus dem sie allein nicht herausfinden. Wenn du den Patienten mit in seine Heilung einbeziehst, wird er selbstverantwortlich. Er fühlt sich nicht mehr so hilflos, wenn er an seiner Heilung mitarbeiten kann. Leite deinen Patienten an zur Meditation. Hierdurch findet er Ruhe und Gelassenheit. Zeige ihm, wie er in die Liebe und in die Freude hineinkommen kann. Mache Heilungsmeditationen mit deinen Patienten. Zeige ihnen, wie sie sich mit der Christuskraft in sich verbinden können. Erkläre ihnen, wie sie weißes Christuslicht einatmen können und zum Ort ihrer Erkrankung atmen können. Stelle sie in die reinigende violette Flamme, und bitte sie, diese Übung täglich zu machen. Es wäre gut, wenn du ihnen eine Meditationskassette besprechen könntest, mit der sie täglich meditieren können.

Wenn du geführte Meditationen suchst, kannst du dich gerne an mich wenden.

Ermutige deine Krebspatienten immer wieder, die Angst loszulassen und sich als vollkommen geheilt anzusehen. Die Hoffnung und die positive Einstellung des Patienten ist unendlich wichtig für die Heilung. Sie ~~kann~~ ungeheure Selbstheilungskräfte in ihm freisetzen. Auch du als Heiler mußt dein Bewußtsein über die Krebserkrankung erheben und stets die vollkommene Heilung vor Augen haben. Sei dir bewußt, daß die göttliche Energie den Krebs vollkommen auflösen kann. Sie schafft zunächst auf der seelisch-geistigen Ebene ein günstiges "Millieu." Da jede Krankheit, wie du weißt, auf einem gestörten psychosomatichen Hintergrund entstanden ist, bringt die geistige Heilung diesen zunächst in Ordnung. Erst einmal muß die Basis für die Heilung geschaffen werden.

Ganz wichtig für alle Krebspatienten ist die Vergebung. Ich bitte meine Krebspatienten, folgende Vergebungsübung zu machen:

Jesus wurde von Petrus gefragt, wie oft man seinem Bruder vergeben soll, ob siebenmal? Jesus aber sagte: "Nicht siebenmal, sondern siebenmal siebzigmal."

Sieben mal siebzig sind vierhundertneunzig, und das bedeutet Erfüllung. So schreibe eine Woche lang morgens und Abends je fünfunddreißigmal auf:

Ich .... vergebe mir vollkommen. Dann nimm den Menschen, gegen den du den größten Groll hegst und verfahre ebenso. Ich.......vergebe.......vollkommen.

Mache diese Übung mit allen Menschen, mit denen du uneins bist. Du wirst feststellen, wenn du mit Krebspatienten darüber sprichst, ~~wie~~ viele einen tief vergrabenen Groll in sich tragen, und das oft schon viele Jahre. Aber ohne Vergebung kommen wir nun mal nicht weiter.

Für Krebspatienten ist es wichtig, daß sie ihre Ernährung umstellen. Der Fleischkonsum sollte ebenso drastisch eingeschränkt werden, wie jede Art von Weißmehl und Zucker. Auch

138

der Alkohohlgenuß sollte eingeschränkt werden. Noch besser ist es, den Alkohol ganz wegzulassen.

Du kannst Krebskranke mit Kontaktheilung oder mit Fernheilung behandeln. Ich kombiniere beide Möglichkeiten. Ich bestelle den Patienten zwei bis dreimal wöchentlich zu mir in die Praxis und behandle ihn in der Zwischenzeit mit Fernheilung. Auch meine Heilergruppe beteiligt sich gerne an den Heilungen. Ist der Patient im Krankenhaus, so behandle ihn mit Fernheilung. Muß er sich einer Chemotherapie oder Strahlenbehandlung unterziehen, bitte deine Geistärzte, etwaige Nebenwirkungen der medizinischen Behandlungen zu verhindern. Deine geistigen Helfer werden dir mit der Zeit immer mehr Anweisungen geben. Vertraue ihnen!

Beginnen wir mit der Kontaktheilung des Krebspatienten. Nimm dir Zeit! Schaffe eine ruhige und vertrauenserweckende Atmosphäre. Krebspatienten haben oft niemanden, mit dem sie über ihre Ängste sprechen können. Höre ihnen zu! Bitte deinen Patienten, sich über den Atem zu entspannen. Lehre ihn das kosmische Atmen. Bitte ihn, über seinem Kopf ein wunderschönes goldenes Licht zu visualisieren. Bitte ihn, das Licht über sein Kronenchakra einzuatmen und es mit dem Ausatmen wieder an den Kosmos zurückzusenden. Diese Übung kann er auch zu Hause weitermachen, um die kosmische Kraft für seine Heilung zu nutzen.

Reinige immer zunächst die Aura, wie du es zuvor gelernt hast. Lasse dann das reinigende violette Licht durch die Aura des Patienten fließen. Halte deine Hände leicht über sein Kronenchakra, und stelle dir dabei vor, wie das violette Licht in seine Aura einfließt. Bitte deine Geistärzte, an deine Seite zu kommen und dir zu helfen. Gleiche die Chakren mit der Farbe aus, die zu den jeweiligen Chakra gehört. Lege dann deine Hände über die erkrankte Stelle. Stimme dich ein auf die göttliche Heilkraft, die nun durch dich zu fließen beginnt. Visualisiere, wie sie den Tumor einschließt und ihn einschmilzt. Bitte deine Geistärzte um Anweisung und führe sie aus. Lege dann deine Hände auf den Solarplexus, und lasse hier Ruhe einströmen. Lege deine Hände auf das Herzchakra deines Patienten, und lasse hier Liebe einströmen. Zum Schluß der Behandlung reinige noch einmal die Aura. Bei der Behandlung wirst du feststellen, daß eine große Einheit zwischen dir, deinen Geistärzten und deinem Patienten entsteht. Dein Patient wird sich ruhig und energetisiert fühlen. Seine Schmerzen werden zurückgegangen sein. Frage ihn nach seinen Erlebnissen während der Behandlung. Manche Patienten empfinden Kälte oder Wärme, andere ein leichtes Vibrieren. Viele Patienten haben während der Behandlung besondere Lichterfahrungen; andere sehen Farben vor ihrem dritten Auge. Auch wenn der Patient nichts derartiges erlebt hat, ist die Heilung trotzdem vollzogen. Manchmal dauert es auch eine Weile, bis die Heilenergie vom feinstofflichen Körper an den physischen Körper weitergeleitet wird. Gib deinem Patienten eine positive Affirmation mit auf den Weg, die er bis zur nächsten Behandlung ständig wiederholen kann. Ich verwende gerne folgende Affirmaton:

„Mit Gottes Hilfe drücke ich vollkommene Gesundheit aus."

Gib deinem Patienten die Gelegenheit, sich nach der Behandlung noch etwas zu entspannen.

Wasche dir nach der Behandlung gut die Hände. Lasse über deine Unterarme und die Hände einige Minuten lang kaltes Wasser laufen. Auf diese Weise trennst du die Energien zwischen dir und deinem Patienten.

Denke immer daran: Nicht jede Krebserkrankung ist heilbar. Es gibt immer wieder Erkrankungen, die sich an einem „point of no return" befinden. Hier ist die Erkrankung schon zu weit fortgeschritten. Aber Linderung kannst du auch hier mit der Geistheilung immer schaffen. Menschen, die im Sterben liegen, können durch die Geistheilung leichter loslassen und so friedlich in die geistige Welt hinübergehen.

Ich werde oft gefragt, wie lange eine Geistheilung dauert. Hierfür gibt es keine Norm. Wenn du gerade mit der geistigen Heilung beginnst, wird es mit Sicherheit länger dauern, als wenn du bereits viel Erfahrung hast. Zu Anfang wirst du schon für die Einstimmung längere Zeit benötigen. Lasse dich von deiner Intuition und deinen Geistärzten leiten. Du wirst in dir spüren, wann du bei einer Heilungssitzung aufhören kannst. Bei mir ist es so, wenn die Heilung vollzogen ist, leuchtet ein kleines blaues Licht vor meinem dritten Auge auf. Denke immer daran: Wenn du gesagt bekommst oder innerlich spürst, daß du die Behandlung beenden solltest, folge der Anweisung oder deinem inneren Wissen. Ich beobachte immer wieder einen besonderen Ehrgeiz bei Menschen, die gerade mit der Heilung beginnen. Sie wollen unbedingt den Schmerz sofort beseitigen. Jeder Heiler muß akzeptieren, daß der Patient bereit sein muß für eine Heilung. Manchmal ist es für den Menschen wichtig, auf die Botschaft der Seele zu hören und zuerst die Ursache in sich zu beseitigen.

Karma

$\mathcal{W}$enn wir uns mit Geistheilung beschäftigen, müssen wir uns auch mit dem Gesetz von Ursache und Wirkung, dem „Karmagesetz", auseinandersetzen. Es ist wichtig für unser Verständnis der Hintergründe mancher Erkrankungen, die therapieresistent sind. Sie lassen sich weder allopatisch noch naturheilkundlich, noch geistig heilen. Hier kommt die Ursache oft aus einem früheren Leben. Der Mensch hat sich die Krankheit gewählt, weil er etwas daraus lernen oder eine karmische Schuld abtragen möchte. Es gibt so viele Hintergründe für die Wahl einer Seele, daß es unmöglich wäre, sie alle hier aufzuzählen.

Hierzu übermittelte mir Meister Eckhart eine Botschaft:

"Liebe Geschwister auf der Erde, ihr möchtet etwas wissen über das Karma der Menschen.

Das Wort Karma kommt aus dem Sanskrit und bedeutet einfach "Tat." Euer Karma ist die Summe all eurer Taten, aus allen Inkarnationen, die ihr durchlaufen habt.

Das Gesetz des Karma ist in eurem Kulturkreis bekannter als das Gesetz von Ursache und Wirkung. Jede Seele durchläuft auf ihrem Evolutionsweg verschiedene Stadien der Entwicklung. Alles, was ihr denkt, sprecht und handelt, unterliegt dem Karma oder dem Gesetz von Ursache und Wirkung. Es gibt im geistigen Reich die Akasha-Chronik, das Weltengedächtnis. In ihr wird euer gesamtes Denken, Sprechen und Handeln gespeichert und in eurem Seelenmuster verzeichnet. Manche dunkle Flecken sind hier zu sehen. Das, was an Negativem durch euch geschehen ist, kann niemals ausgelöscht werden. Aber das dunkle, belastende Karma kann überlagert werden durch das helle, lichte Karma.

Ich möchte es euch an einem Bild deutlich machen. Stellt euch vor, ihr habt eine Holzpalette in euren Händen. Nehmt aus einer Tube mit Ölfarbe einen großen Tropfen mit schwarzer Farbe und setzt diesen auf die Palette. Das ist euer dunkles Karma. Nehmt nun einen Pinsel und setzt mit weißer Ölfarbe Tupfen darüber, so wird die dunkle Ölfarbe überlagert. Wenn ihr es aber mischt, wird die Farbe zunächst über verschiedene Graustufen gehen. Tragt ihr dann wieder neue weiße Ölfarbe auf, sind die grauen Flecken nur zum Teil oder gar nicht mehr zu sehen. Wenn ihr dieses nun wieder vermischt, wird die Farbe heller und heller. Je mehr Weiß ihr hinzumischt, desto heller und lichter wird die Farbe. Das Schwarz ist nicht mehr sichtbar, aber es ist trotzdem noch da, auch wenn es für eure irdischen Augen nicht mehr wahrnehmbar ist.

So ist es auch mit eurem Karma. Je mehr lichtvolles Karma ihr aufbaut, desto weniger sichtbar sind die dunklen Seiten eures Karmas, die ihr in vielen, vielen Inkarnationen erworben habt.

Wir werden oft gefragt, warum ein Mensch dieses oder jenes in diesem Leben erleiden muß. Wofür straft Gott ihn so? Zunächst möchte ich einmal richtigstellen, daß Gott, die absolute Liebe, niemanden bestraft. Eine Seele, die im geistigen Reich ankommt, erkennt, wenn sie ihren Lebensfilm anschaut, daß in ihrem letzten Leben etwas auf ihrem Entwicklungsweg nicht richtig gelaufen ist, beschließt von sich aus, mit Hilfe des karmischen Rates oder der karmischen Engel, in ihrem neuen Leben die alten Fehler wiedergutzumachen. Wenn ihr zum Beispiel einen Menschen nehmt, der behindert ist, sei es geistig oder körperlich, so ist das für euch oft nur schwer zu ertragen. Einige von euch tun es einfach als Karma ab; ohne jedoch die entsprechende geistige Schau zu besitzen, um somit ins rechte Verstehen kommen zu können. Hütet euch davor, vorschnell mit eurem Urteil bei der Hand zu sein. Ihr wißt nicht, was diese Seele sich für eine Erfahrung gewählt hat!

Es kann sein, daß sie etwas abtragen möchte. Es kann aber auch sein, daß sie diese Form in ihrem jetzigen Leben gewählt hat, um ihren Eltern, Großeltern oder Geschwistern zu helfen, ihre Liebesfähigkeit zu entwickeln. Und somit ist es eine unendliche Liebe dieser Seele, ihren Lieben diese Erfahrung zu vermitteln. Habt ihr es schon einmal von dieser Seite betrachtet?

Wenn aber eine Seele von sich aus die Erfahrung gewählt hat, altes Karma abzutragen, hat sie aus der Sicht ihrer Gesamtentwicklung einen bestimmten Grund dazu, und es sollte sich niemand dazu versteigen, jemanden zu verurteilen, weil er diese Form gewählt hat, oder es gar als Strafe ansehen. Manchmal wählt ein Mensch mit einer körperlichen Behinderung diese Form, um anderen Menschen zu zeigen, daß es möglich ist, trotzdem ein erfülltes und glückliches Leben zu leben. Das ist eine Liebesinkarnation für euch Menschen.

Für euch Menschenkinder ist das möglicherweise schwer nachzuvollziehen, und für manche von euch mag das alles unverständlich sein, und ihr lächelt ungläubig darüber. Trotzdem hat es damit seine Richtigkeit.

Anderen Kulturkreisen ist dieses Gedankengut seit Jahrtau-

senden vertraut. Tief im Inneren der meisten von euch, die bereits in diesen anderen Kulturkreisen eine Inkarnation erlebt haben, liegt dieses Wissen verborgen, auch wenn es euer Verstand nicht nachvollziehen kann.

Viele Menschen, die sich in einem christlichen Kulturkreis inkarniert haben, beschäftigen sich mit dem Buddhismus. Warum? Weil sie möglicherweise bereits eine Inkarnation im buddhistischen Raum durchlebt haben und sich damals mehr nach dem christlichen Kulturkreis sehnten. So haben sie sich hier inkarniert, um jetzt diese Erfahrungen zu machen. Da aber diese Erinnerung, wenn auch unbewußt, in ihnen gespeichert ist, interessieren sie sich nun wieder für den Buddhismus. Ihr seht, nichts ist zufällig oder voneinander getrennt, alles hat seinen Grund.

So solltet ihr euch darüber klarwerden, daß ihr euch heute und jetzt eure Zukunft baut, sowohl auf der Erde wie auch auf der geistigen Ebene, denn auch hier gilt, wie im gesamten Kosmos, das Gesetz von Ursache und Wirkung. Das heißt, ihr schafft durch euer Leben auf der Erde eine Ursache, und die Wirkung erlebt ihr, wenn ihr nach dem irdischen Tod in die geistige Welt kommt, wo ihr auf den Ebenen des Lichts euer geistiges Leben führen könnt. So bereitet ihr euer geistiges Heim bereits auf der Erde vor. Wir möchten euch helfen, zu verstehen, daß ihr es selbst in der Hand habt, wie ihr in den geistigen Sphären leben wollt. Das Wichtigste ist, die Liebe zu leben, die Liebe für das ganze Universum. Für euch und eure Mitmenschen, ebenso wie für die Tiere und Pflanzen, ja für die Erde selbst und alle Wesen in der geistigen Welt.

Es gibt keine Trennung zwischen euch und uns. Wir brauchen euch, und ihr braucht uns. So sollte es ein liebevolles Miteinander der einzelnen Schwingungsebenen sein, zwischen der

materiellen und der geistigen Welt. Das wünsche ich allen We-
sen, den Geistwesen, wie auch den Menschen auf der Erde.

Wenn wir auch nicht immer verstehen, warum eine Seele sich
für dieses Leben eine Krankheit gewählt hat, die auf einem kar-
mischen Muster besteht, so sollten wir uns als Geistheiler doch
bemühen, dies akzeptieren zu lernen. Das bedeutet auch nicht,
daß wir hier keine Geistheilung geben sollen. Wenn die geisti-
ge Heilung auf der körperlichen Ebene keine Wirkung zeigt, so
kann sie doch auf der feinstofflichen Ebene eine Harmonisie-
rung bewirken. Akzeptieren wir, daß hier vielleicht nur Linde-
rung und keine direkte Heilung möglich ist. So unterliegen jede
Krankheit und jede Heilung den geistigen Gesetzmäßigkeiten. "

Du und deine Geistärzte

$\mathcal{W}$ie du bereits weißt, gibt es in der geistigen Welt viele Geistärzte, die uns Menschen bei der Heilung behilflich sind. Du kannst sie jederzeit rufen, wenn du die Heilkraft weiterleiten möchtest. Ich möchte nun eine Meditation mit dir teilen, durch die du deine Geistärzte kennenlernen kannst.

Sorge dafür, daß du in der Zeit deiner Meditation nicht gestört wirst. Am besten sprichst du dir die Meditation auf eine Kassette. Damit du dich ganz deinem Erleben hingeben kannst.

Zunächst bitte um Schutz während der Meditation.

Beginne nun tief und entspannt ein- und auszuatmen. Komme mit jedem Atemzug mehr und mehr zur Ruhe. Lasse mit jedem Ausatmen alles los, was dich belastet.

Stelle dir vor, daß du in deinen Füßen dicke Wurzeln hast, wie ein Baum. Schicke dann die Wurzeln tief und breit in die Erde hinein, so daß sie sich dort ganz fest verankern können. Sei mit deinem Bewußtsein ganz in deinen Füßen, und lasse mit jedem Atemzug die Wurzeln stärker werden. Spüre die Verbindung mit der Erde.

Entspanne nun deinen ganzen Körper. Beginne bei den Füßen. Konzentriere dich einfach ganz auf deine Füße und Beine. Entspanne alle Muskeln, alle Sehnen, alle Nerven.

Entspanne nun deinen ganzen Bauchraum. Lasse alle Span-

nungen los, und spüre, wie eine immer größere Ruhe in dich einkehrt.

Entspanne nun deinen ganzen Brustraum und deinen Rükken, spüre, wie alles ganz leicht wird. Entspanne auch die Hals- und Nackenmuskeln. Alle Anspannung in diesem Bereich löst sich auf, und du fühlst dich ganz wohl und leicht. Entspanne nun deinen gesamten Kopf, alles wird auch hier leicht und lokker.

Stelle dir vor, du bist in einem wunderschönen Garten, mit herrlichen Blumen darin. Du kannst in deiner Vorstellung in einen Garten gehen, der dir bekannt ist, oder dir deinen eigenen Garten erschaffen. Sieh dich hier ein wenig um. Genieße den wärmenden Sonnenschein. Lausche dem Gezwitscher der Vögel, und schaue den bunten Schmetterlingen zu. Du fühlst dich ganz wohl in deinem Garten. Tiefer Friede durchdringt dein ganzes Sein.

Gehe nun tiefer hinein in den Garten. Du kommst zu einem Springbrunnen. Das Wasser fällt in Kaskaden herunter. Das Sonnenlicht bricht sich in den einzelnen Wassertropfen, die wie kleine Diamanten strahlen. Das Wasser reinigt und klärt deine Gefühlsebene, du wirst immer ruhiger und entspannter.

Wenn du dich genügend ausgeruht hast, gehe weiter, bis du an eine große weiße Marmortreppe kommst, die mit zehn Stufen nach oben führt. Gehe langsam die Treppe hinauf. Du kommst nun auf ein großes Plateau und siehst in der Ferne eine große Pyramide. Pyramiden sind Orte der Kraft, und du fühlst dich von ihr wie magisch angezogen. Sieh dir deine Pyramide genau an. Aus welchem Material ist sie? Vielleicht aus Sandstein, aus Edelsteinen oder einfach aus Licht. Geh nun in diese Pyramide hinein. Sie ist festlich mit wunderschönen Blu-

*men und Kerzen geschmückt. Alles ist zu deinem Empfang be-
reitet. Der Engel der Heilung empfängt dich, um dir deine Geistärzte vorzustellen. Setze dich dort hin. Du fühlst dich dort ganz
geborgen und beschützt. Deine Geistärzte werden nun einer
nach dem anderen eintreten, um sich dir vorzustellen. Sie werden dir ihren Namen sagen und für welche Ebene der Heilung
sie zuständig sind; für die körperliche, die seelische oder die
geistige? Du kannst sie auch bitten, dir ihren Namen auf eine
große Tafel zu schreiben. Nimm dir Zeit, deine Geistärzte richtig kennenzulernen. Vielleicht ist auch nur ein Geistarzt anwe-
send. Es kann sein, daß dir sein Name bekannt vorkommt. Nimm
einfach an, was dir gegeben wird.*

*Nachdem du dich mit deinen Geistärzten bekannt gemacht
hast, werden sie dir ein Symbol überreichen, mit dem du später
die Heilkraft verstärken kannst. Bitte darum, daß du alles, was
du erlebt hast, im Gedächtnis behalten kannst.*

*Wenn du zum Zeitpunkt deiner Meditation der Heilung be-
darfst, bitte deine Geistärzte darum. Gib dich ganz der göttlichen Heilkraft hin.*

*Dann bedanke dich für die Erfahrung, die du hier machen
durftest. Deine Geistärzte werden dich bis in den Garten zu-
rückbringen. Gib ihnen deine Hände und spüre ihre Energie.
Genieße noch ein wenig die Stille. Dann komm langsam in den
Raum zurück, in dem du deine Meditation begonnen hast. Atme
ein paarmal tief ein und aus, und komme mit jedem Atemzug
mehr und mehr in dein normales Tagesbewußtsein zurück. Recke
dich und strecke dich, und sei wieder ganz im Hier und Jetzt.
Du fühlst dich rundum wohl.*

Schreibe dir deine Erlebnisse am besten gleich auf, damit
sie dir nicht verlorengehen. Male dir das Symbol auf, das du

empfangen hast. Sei nicht traurig, wenn du beim ersten Mal noch nicht soviel gesehen hast, du kannst die Meditation ja jederzeit wiederholen. Manche Menschen sehen ganz klare Bilder, die meisten haben mehr ein „Empfindungssehen." Im Grunde ist es auch nicht wichtig, wie deine Geistärzte aussehen, aber es ist für uns Menschen persönlicher, und wir können leichter Kontakt zu ihnen aufbauen, wenn wir wissen, wie sie aussehen und wie sie heißen.

Je mehr du mit deinen Geistärzten zusammenarbeitest, desto mehr Vertrauen wirst du zu ihnen entwickeln. Im Laufe der Zeit wirst du sie immer mehr in deine Geistheilung mit einbeziehen. Sie werden dir ihr Wissen übermitteln.

Fernheilung

$\mathcal{S}$eit vielen Jahren erreichen mich immer wieder Anrufe und Briefe mit der Bitte um Fernheilung. Es macht mir immer viel Freude, den Menschen auf diese Weise helfen zu dürfen.

Die Fernheilung ist eine Hohe Kunst, an die viele Heiler nicht so recht glauben wollen. Der Grund ist einfach der, daß man dabei nicht soviel Feedback bekommt, wie bei der Kontaktheilung. Für die göttliche Heilkraft spielt die Entfernung, die zwischen dir und deinem Patienten liegt, keine Rolle. Bei der Fernheilung gibt es verschiedene Techniken und Möglichkeiten. Du wirst später selbst herausfinden, welche dir am meisten liegt. Da ich sehr viele Heilungsanfragen bekomme, behandle ich den Patienten entweder direkt, wenn er mich anruft 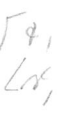 oder wenn ich dazu im Augenblick keine Zeit habe, sammle ich die Anfragen eines Tages und behandle alle Patienten, die auf meiner Fernheilungsliste stehen, am Abend in einer Heilungsmeditation. Oder ich nehme die frühen Morgenstunden dazu, die sich meiner Meinung besonders eignen, da der Mensch noch die Ruhe der Nacht in sich trägt und noch nicht durch das Tagesgeschehen belastet worden ist. Ich kombiniere auch, wie schon gesagt, die Fernheilung oft mit der Kontaktheilung. So wirst auch du deine Zeit finden, die dir am angenehmsten ist. Du kannst das Heilen auch in deine normale Meditationszeit mit hineinnehmen. Es ist gut, wenn du ein Bild des Patienten hast, du kannst ihn dir dann bei der Heilung besser vorstellen. Auf jeden Fall benötigst du dazu den Namen und die genaue Adresse. Sollte dein Patient im Krankenhaus liegen, brauchst du die Anschrift des Krankenhauses. Es ist in jedem Fall gut, wenn dir die medizinische Diagnose bekannt ist. Du kannst sie dann an deine Geistärzte weiterleiten.

Bei der Fernheilung ist es besonders wichtig, seine Geistärzte in das Heilungsgeschehen mit einzubeziehen oder sie zu bitten, zum Patienten zu gehen und an ihm die Heilung direkt vorzunehmen.

Bei der Fernheilung spielt die mentale Ebene eine zentrale Rolle. Jede Fernheilung ist eine gedankliche Heilung, von uns und von unseren Geistärzten. Hier wird die göttliche Heilkraft auf gedanklichem Wege zum Patienten geleitet. Wir empfangen die Informationen unserer geistigen Berater auf einer telepathischen oder visionären Ebene. Der Geistarzt denkt den Gedanken, der auf einer Energiewelle zu uns gelangt. Jeder Gedanke entsteht auf einer bestimmten Schwingungsfrequenz. Jede Farbe hat ihre eigene Schwingungsqualität und kann zur Heilung eingesetzt werden.

Unsere Geistärzte wissen um die verschiedenen Energiequalitäten, die zur Heilung gebraucht werden und können sie ganz gezielt einsetzen.

Für die Fernheilung ist es hilfreich für dich, dir dein ganz persönliches Heilungszentrum in deiner Vorstellung zu bauen, in das du jederzeit gehen kannst, wenn du Fernheilungen machen möchtest. Ich werde dir verschiedene Techniken vorstellen, und du praktizierst dann später die, die dir am meisten zusagt.

Akute Erkrankungen können manchmal direkt geheilt werden, bei chronischen Erkrankungen bedarf es längerer Zeit der Bemühungen des Heilers.

Ich bekam vor kurzem eine Bitte um Heilung für einen Patienten, den an Lungenkrebs erkrankt war und auch bereits in der Leber eine Metastase hatte. Ich begann sofort mit der Heilung. Am gleichen Abend traf sich meine Heilergruppe, und wir gaben diesem Kranken gemeinsam Heilung. Am nächsten Tag erhielt ich folgenden Bericht: Am Abend ging es dem Patienten sehr schlecht. Er erhielt Sauerstoff, weil er kaum atmen konnte. Bereits am nächsten Tag ging es ihm so gut, daß er seine ganze Familie einlud, das Wochenende mit ihm zu verbringen. Ich bedankte mich aus ganzem Herzen bei Gott und meinen Geistärzten.

Ich möchte dir nun verschiedene Techniken der Fernheilung vorstellen.

Du kannst dir bei der Fernheilung einen großen Bildschirm visualisieren. Mache einmal diese Übung:

Schließe deine Augen, und entspanne dich über deinen Atem. Bitte dein Hohes Selbst, dir das Christuslicht zu senden. Sieh über deinem Kopf dieses klare, weiße Licht. Atme es bis zu deinen Füßen ein und wieder zum Kronenchakra aus. Wenn du dieses ein paarmal ganz bewußt gemacht hast, wirst du merken, wie ein tiefer Friede in deine Seele einzieht.

Visualisiere einen großen Fernsehschirm. Bitte nun einen Menschen, den du liebst und den du gut kennst, auf deinem Fernsehschirm zu erscheinen. Du wirst feststellen, daß du ihn augenblicklich dort sehen kannst, wenn du dich richtig eingestimmt hast. Frage ihn, wie es ihm geht, er wird dir antworten. Frage ihn, welche Störung in seinem Körper ist und welche Ursache im physischen oder seelisch-geistigen Bereich dahin-

tersteckt. Schau dir nun zunächst einmal seine Chakren an. Welche haben zu viel oder zu wenig Energie? Visualisiere sie. Welche Chakren strahlen in reinem, klaren Glanz und welche sind trübe und glanzlos? Du wirst erstaunt sein, wie schnell du in der Lage sein wirst, diese Dinge zu erkennen. Vielleicht kannst du auch bereits seine Aura sehen. Welche Farbe hat sie? Ist die Farbe rein und klar, oder hat sie an einigen Stellen dunkle Flecken? Ist sie gleichmäßig rund oder an einigen Stelle auseinandergerissen? Wenn du etwas geübter bist, kannst du später auch auf diesem Wege Diagnosen über den körperlichen Zustand deines Patienten machen. Reinige nun mit deinen geistigen Händen die Aura deines Patienten. Du kannst dir vorstellen, daß du mit ihm auf dem Bildschirm bist und von dort aus handelst. Lade nun die Chakren auf. Frage deinen Patienten, wie es ihm geht. Bitte ihn, dir zu sagen, welche Eigenschaft er gerne von dir haben möchte. Vielleicht Liebe, Anerkennung oder auch Vergebung. Dann konzentriere dich auf dein Herz, und sende ihm, um was er dich gebeten hat. Sende ihm einen Strahl göttlicher Liebe von deinem Herzen zu seinem Herzen.

Du kannst auch deine Geistärzte bitten, dir bei der Behandlung zu helfen. Frage sie, welches Chakra zu viel oder zu wenig Energie hat. Bitte sie um ihre Diagnose. Aber behalte sie für dich. Wenn du mit der Behandlung fertig bist, entlasse den Patienten einfach wieder.

Dein Heilungstempel

𝒥ch möchte dir nun durch eine Meditation die Möglichkeit
geben, deinen Heilungstempel zu erschaffen:

Setze dich an einen ruhigen Platz, an dem du dich wohl fühlst.
Sorge dafür, daß du während deiner Meditation nicht gestört
wirst. Am besten sprichst du diese Meditation vorher auf eine
Kassette, damit du dich während der Meditation geführt fühlst
und sie jederzeit wiederholen kannst. Du kannst eine leise, ru-
hige Musik dazu laufen lassen, die dir gefällt und dich schnel-
ler zur Ruhe kommen läßt.

Beginne nun damit, dich auf deinen Atem zu konzentrieren.
Laß mit jedem Atemzug die Außenwelt mehr und mehr los. Die
Geräusche der äußeren Welt stören dich nicht mehr, sie brin-
gen dich nur noch tiefer in eine wunderbare Welt der Ruhe hin-
ein.

Stelle nun zunächst wieder die Erdung her, und lasse dazu
aus deinen Füßen dicke Wurzeln wachsen, die du dann gedank-
lich durch alle Etagen hindurchschickst, damit sie sich dort ganz
fest im Erdreich verankern können. Sei mit deinem Bewußtsein
ganz in deinen Füßen, und lasse die Wurzeln mit jedem Atem-
zug stärker werden. Spüre die Verbindung mit der Erde.

Lasse deine Emotionen völlig zur Ruhe kommen und ent-
spanne deinen Körper vollkommen.

*Entspanne deinen ganzen Körper. Beginne damit bei den Fü-
ßen. Konzentriere dich einfach ganz auf deine Füße und Beine.
Entspanne alle Muskeln, alle Sehnen, alle Nerven.*

*Entspanne nun deinen Bauchraum. Lasse alle Anspannun-
gen los, und spüre, wie eine immer größere Ruhe in dich einkehrt.*

*Entspanne nun deinen Brustraum und deinen Rücken, spü-
re, wie alles ganz leicht wird. Entspanne auch die Hals- und
Nackenmuskeln. Alle Anspannung in diesem Bereich löst sich
auf, und du fühlst dich ganz wohl, völlig entspannt. Entspanne
nun deinen gesamten Kopf, alles wird auch hier leicht und lokker.*

*Wenn du deinen ganzen Körper entspannt hast, hülle dich in
weißes Christuslicht ein. Stelle dir vor, daß über deinem Kopf
eine weiße Christussonne leuchtet. Ziehe nun dieses strahlende, weiße Licht um dich herum wie einen wärmenden und schüt-
zenden Mantel.*

*Atme tief und gleichmäßig. Atme das weiße Licht durch dein
Kronenchakra ein, und fülle mit dem Ausatmen deinen ganzen
Körper mit dem Christuslicht. Denke beim Einatmen „Chri-
stus" und beim Ausatmen „Liebe."*

*Beginne jetzt damit, dir deinen Heilungstempel zu bauen.
Zu ihm kannst du später jederzeit leicht gehen, wenn du Fernheilungen machen möchtest. Nimm dir dabei viel Zeit. Schmücke
den Ort so schön wie möglich. Du solltest dich hier ganz sicher
und geborgen fühlen.*

*Vielleicht möchtest du dir eine Pyramide bauen. Wähle das
Material aus, das du für deine geistige Pyramide haben möchtest. Gestalte auch den Innenraum nach deinen Wünschen. Stelle
dir vor, daß in der Mitte der Pyramide ein großes Heilungsbett*

steht, auf das du später deine Patienten legen kannst, um sie zu behandeln. Stelle auch hier einen großen Bildschirm auf. Du kannst einen großen Fernseher verwenden oder eine entsprechende Leinwand.

Wenn du hier heilen möchtest, bitte deine Geistärzte zu kommen und dir zu helfen. Denke auch daran, dein Symbol, das die Heilkraft verstärkt, zu Hilfe zu nehmen.

Vielleicht möchtest du dir lieber einen Raum erschaffen, der wie ein normales Sprechzimmer aussieht. Es liegt ganz bei dir. Stelle auch hier dein Heilungsbett hinein, und schmücke den Raum so aus, wie es dir gefällt.

In jeden deiner Heilungsräume stelle einen großen Bildschirm auf oder eine Leinwand, auf die du dir später bei deinen Behandlungen deine Patienten holen kannst.

Du kannst auch zur Behandlung in einen der Heilungstempel in der geistigen Welt gehen. Stelle dir einen wunderschönen großen, runden Tempel vor. Einige Stufen führen hinauf. Der Tempel wird von großen Säulen getragen. Sie bilden nach oben hin runde Bogen. In der Mitte der Kuppel leuchtet in Gold auf einem azurblauen Hintergrund dein Heilungssymbol. Stelle auch hier das große Heilungsbett in die Mitte, und den Bildschirm bringe dort an, wo es dir am besten erscheint. Wenn du in diesem Heilungstempel bist, hast du einen grandiosen Ausblick auf die himmlische Landschaft, die so wunderschön und farbenprächtig ist, wie es nichts Vergleichbares auf der Erde gibt. Auch hierhin kannst du deine Geistärzte einladen und sie bitten, dir zu helfen.

Erschaffe dir den Ort, an dem du künftig deine Fernheilungen geben möchtest, so, damit du dich darin wirklich wohlfühlst. Du kannst ihn natürlich jederzeit verändern.

Je öfter du diesen Heilungsort aufsuchst, desto schneller wirst du in eine tiefe Entspannung kommen, um mit deinen Fernheilungen beginnen zu können. Nimm dir genügend Zeit, dir das zu erschaffen, was du gerne möchtest.

Vielleicht möchtest du in deinem Heilungsraum bestimmte Bilder aufhängen. Erschaffe diesen Raum voller Freude und Liebe, denn es ist dein Heilungsraum. Hier werden auch deine eigenen Heilungen von deinen Geistärzten vorgenommen werden. Darum ist es wichtig, daß du dich hier sicher und geborgen fühlst.

Wenn du mit dem Gestalten deines Heilungstempels fertig bist, atme ein paarmal ganz tief ein und aus. Komme mit jedem Atemzug wieder mehr und mehr in dein normales Tagesbewußtsein zurück. Recke dich und strecke dich. Nimm deine Arme hoch und schüttele sie kräftig aus. Du bist wieder ganz im Hier und Jetzt und fühlst dich rundum wohl.

Du kannst dir auch deinen Heilungstempel aufmalen, damit er sich dir gut einprägt.

Es ist auch ratsam, seinen Patienten zu empfehlen, sich in die Weltgebetsheilung mit einzuklinken. Wenn du es selbst probierst, wirst du die Energie spüren, die dabei durchfließt. Alle Menschen, die an den Heilungs- und Gebetsmeditationen teilnehmen, vereinen sich in Liebe mit dem göttlichen Geist. Hierdurch werden die Liebe und Heilung für das gesamte Weltbewußtsein verstärkt. Jeder kann hier seinen Beitrag zur Heilung der Welt leisten.

Wenn du an diesen Meditationen teilnehmen möchtest, stelle dir vor, wie du dich mit dem Christusgeist in dir vereinst. Gib dich ihm ganz hin! Spüre dieses Einssein. Fühle, wie Liebe und Kraft in alle deine Zellen hineinströmen. Laß deine Seele ganz eins mit dem Christusgeist werden. Werde dir bewußt, daß der Christusgeist dich vollkommen gesund sehen möchte. Lasse alles los, was nicht heil und vollkommen ist. Sage dir selbst und stelle dir vor, wie du vollkommen gesund bist.

Der Christus, der Geist der Liebe, ist in dir und wartet nur darauf, sich durch dich ausdrücken zu können. Stelle dir vor, wie das strahlend helle Christuslicht aus dir herausscheint und die ganze Erde einhüllt. Sende es zu allen Menschen, die der Heilung bedürfen, und bitte darum, daß sie alle in das Christusbewußtsein hineinkommen und vollkommen gesund sind. Sieh dich als Kanal für die heilende Christuskraft. Sei dir bewußt, daß die Helfer aus dem geistigen Reich das Licht dorthin begleiten, wo es dringend gebraucht wird. Du selbst wirst feststellen, daß du nach einer Weile in einen tiefen inneren Frieden eintauchst und mit der Christuskraft aufgeladen bist. Je öfter du diese Meditationen durchführst, um so mehr werden sie dir zum liebenden Bedürfnis werden, und du wirst jedesmal gestärkt daraus hervorgehen.

Ich möchte nun eine Jesusbotschaft mit dir teilen:

„Geliebte Brüder und Schwestern auf der Erde,
ich bringe euch die Liebe unseres Vaters, des Schöpfers allen Seins. Ich möchte euch meine Liebe geben. Möge sie die Liebe in euren Herzen entzünden. Möge sie euch Wegweiser sein auf dem Weg zurück ins Vaterhaus. Ihr lieben Kinder des Lichts, die ihr dieses Buch lest, seid in euren Herzen bereit, den Menschen Hilfe und Heilung zu bringen. Hierfür danke ich euch und ermutige euch, die geistige Heilung zu erlernen und zu praktizieren. Dazu ist es notwendig, daß ihr euch mit den Gesetzen der geistigen Heilung vertraut macht, um euer Bewußtsein zu erweitern und zu erheben auf eine Ebene des Lichtes, der Liebe und der Freude. Ihr Lieben, ohne Liebe und Freude ist weder wahres Leben noch Heilung möglich. Liebe und Freude bringen euch mit der Quelle allen Seins, dem Gott in euch, in Verbindung. Sie führen euch zu dem Licht in euch hin und ermutigen euch, dieses Licht auszusenden, damit es das Licht in allen Menschen entzünden möge. Ihr Lieben, in Wahrheit seid ihr alle heil und vollkommen, weil der vollkommene Geist Gottes in euch wohnt. Er möchte, daß ihr ihn in euch erkennt, damit er sich durch euch ausdrücken kann.

Wie könnt ihr nun euer Bewußtsein erweitern? Zunächst erhebt euren Blick, und haltet ihn nicht auf Krankheit und Tod gerichtet. Ihr alle seid unsterbliche Wesen, nur seid ihr gefangen in Jahrtausende alte Muster der Sterblichkeit. Für jeden Heiler ist es wichtig, daß er seinen Blick auf das Christuslicht im Menschen gerichtet hält. Er sollte um die Göttlichkeit seiner Brüder und Schwestern wissen und überzeugt sein, daß jeder Mensch in Wirklichkeit heil und vollkommen ist."

Jesus

Epilog

*M*eine geliebten Kinder der Erde,

ich gebe euch meine Liebe, ich gebe euch meinen Segen.
Ich teile die Fülle meines Reiches mit euch und bitte euch,
diese Fülle, die ich euch geben möchte, zuzulassen. Wir sind
eins. Wir sind eines Geistes. Mein göttlicher Geist wohnt in
jedem von euch. Lange Zeit habt ihr euch von mir abge-
wandt, seid herumgeirrt, und konntet den Weg zurück nicht
mehr finden. Jetzt aber sind viele von euch auf der Leiter
des Bewußtseins ein großes Stück in die Höhe gestiegen. In
euren Seelen ist eine tiefe Sehnsucht nach Heilung. Was aber
bedeutet Heilung? Heilung bedeutet Einssein mit mir und
dem ganzen Universum. Solange ihr den illusionären Glauben der Trennung aufrechterhaltet, ist eine wahre Heilung
für eure Seele nicht möglich. Viele Menschen haben lange
Zeit das leise Mahnen ihrer Seele, die sie heimruft, über-
hört. So seid ihr Menschen den Weg durch Leid, Schmerz
und Trauer gegangen. Ihr werdet von Ängsten geplagt, und
viele von euch suchen vergeblich im Außen nach der Liebe.
Solange ihr aber außenorientiert seid, solange ihr im Außen
das zu finden glaubt, was nur in eurem Inneren zu finden ist,
werdet ihr die wahre Liebe und Freude nicht finden. Solange ihr mich im Außen sucht, werdet ihr auch mich nicht fin-

den. Denn ICH BIN der ICH BIN, und ich wohne in euch. Ich wohne in jedem Menschen, in jeder Seele in den geistigen Reichen und in jedem Wesen, das sich außerhalb eures Planetensystems befindet. Meine alles aktivierende Energie ist auch in jedem Tier, in jeder Pflanze, in jedem Baum und in jedem Stein. Alles im Universum ist Schwingung - langsamere und schnellere. Je höher ihr schwingt, um so mehr ist euer Bewußtsein erweitert, und ihr könnt immer mehr aus den geistigen Reichen wahrnehmen. Dann könnt ihr euch auf das Bewußtsein anderer Menschen und das der Tiere und Pflanzen einstimmen. Da alles eins ist, solltet ihr daran arbeiten, den Glauben an die Trennung und das Unheilsein aufzugeben. Findet zurück in die Einheit und ins Heilsein. Ich habe euch als vollkomme Wesen geschaffen, und da ich auf ewig vollkommen bin, seid ihr es auch. Nur, ihr habt es vergessen und lange Zeit geleugnet, daß ihr göttliche Wesen seid. Ihr habt euch über lange Zeit einreden lassen, daß ihr Sünder und damit schuldig seid. Ich aber sage euch, ihr seid meine über alles geliebten Kinder und bar jeder Sünde. Denn euer Geist ist so vollkommen wie der meine. Langsam beginnen sich einige von euch, daran zu erinnern. Ihr fangt an, eure Geistigkeit zu erkennen und aus ihr heraus zu handeln. Wenn ihr die ICH BIN KRAFT, die stärkste Kraft im Universum, in euch erkennt und anwendet, lebt ihr eure Göttlichkeit.

Ihr, die ihr bereit seid, an der Heilung des Planeten mitzuwirken, euch rufe ich zu: Seht in jedem Menschen den Christus, der reiner Geist ist, und euch mit seiner heilenden Kraft zur Seite steht, und euch helfen möchte, eure Brüder und Schwestern zu heilen und heimzuführen; heim ins geistige Bewußtsein und in die Einheit mit mir. Der Christus in euch ist reines Licht, reine, höchste Energie. Diese Energie könnt ihr aussenden, und wen immer sie berührt, den wird sie im Bewußtsein erheben, den wird sie heil und vollkommen machen."

ICH BIN DER ICH BIN

Ich danke...

... dir, liebe Leserin, lieber Leser, daß du mir bis hierhin gefolgt bist. Ich bin sicher, du wirst die göttliche Heilkraft anwenden, um dich und andere Menschen zu heilen.

Ich freue mich, daß ich dir helfen durfte. Es wäre schön, wenn du deine Erfahrungen mit mir teilen könntest. Wenn du Fragen oder Schwierigkeiten hast, kannst du mich gerne anrufen.

Möge die Liebe Gottes dich auf allen deinen Wegen begleiten.

In Liebe Elisabeth

- **Bücher**
- **C D's**
- **Meditationskassetten**

erhälst du im:

Verlag für kosmisches Bewußtsein

Herzogstr. 7 · 40217 Düsseldorf

Telefon & Fax: 0211/38 26 93

Richte deine Anfragen für spirituelle Lebensberatungen, Clearing-Termine, Rückführungen und Seminaranfragen bitte an folgende Adresse:

Elisabeth Dude

Heilpraktikerin und spirituelle Lehrerin

Lichtzentrum · Herzogstr. 7 · 40217 Düsseldorf

Telefon & Fax: 0211/38 26 93

Von der gleichen Autorin erschienen:

$\mathcal{E}$lisabeth Dude beschäftigt sich in diesem Buch mit dem göttlichen Potential, das in jedem Menschen verborgen ist. Sie zeigt in eindrucksvoller Weise auf, wie dank der wunderbaren Kraft in uns alle Probleme gelöst und alle Krisen gemeistert werden können.

»Du bist ein Wunder-lebe es!« zeigt, daß jeder in der Lage ist, alles zu erreichen, was er will. Eine echte Hilfe für alle Menschen.

Erhältlich im Buchhandel · ISBN 3-00-001604-X

oder bei: **Verlag für kosmisches Bewußtsein**

Herzogstraße 7 · 40217 Düsseldorf · Telefon u. Fax: 0211 - 38 26 93

Von der gleichen Autorin erschienen:

$\mathcal{E}$lisabeth Dude beschäftigt sich in diesem Buch mit Fragen, denen sich die Menschen heutzutage immer weniger entziehen können.

Was geschieht mit der Seele am Ende unseres Lebens? Wo kommt sie her und wo geht sie hin? In diesem Buch lüftet sich der Schleier des Mysteriums. Gibt es ein Leben oder viele?

Die Autorin geht auf alle diese Fragen ein und erzählt eindrucksvoll von ihrer Arbeit als Clearing- und Rückführungstherapeutin.

Botschaften aus der geistigen Welt von Meister Eckhart, ihrem Geistführer und spirituellen Lehrer, zum neuen Zeitalter und den Aufgaben, die jeden von uns erwarten, machen dieses Buch zu einem wertvollen Ratgeber in einer Zeit der Wandlung.

Erhältlich im Buchhandel · ISBN 3-00-001325-3

oder bei: **Verlag für kosmisches Bewußtsein**

Herzogstraße 7 · 40217 Düsseldorf · Telefon u. Fax: 0211 - 38 26 93

Von der gleichen Autorin erschienen:

$\mathscr{M}$it diesem Buch wendet die Autorin sich an alle, die wissen möchten, wie sie mit der geistigen Welt in Verbindung treten können.

Neben komplexen Problemen wie Liebe, Frieden und Erfüllung beschäftigt sich die Autorin mit ganz realistisch-praktischen Dingen wie dem „Reichtumsbewußtsein auf allen Ebenen" oder der „Suche nach dem eigenen inneren Arzt."

Meditations- und Visualisationsübungen ergänzen den hilfreichen Ratgeber. Dieses positive, warmherzige und direkte Buch zur geistigen Lebensgestaltung will jenes göttliche Potential wecken, das in uns allen schlummert.

Erhältlich im Buchhandel · ISBN 3-8280-0090-8

oder bei: **Lichtzentrum Elisabeth Dude**

Herzogstraße 7 · 40217 Düsseldorf · Telefon u. Fax: 0211 - 38 26 93

Kurse und Seminare mit der Autorin:

- ● Kontakt mit deinem Geistführer
- ● Ein Kurs in Wundern
- ● Kreativ Wohlstand schaffen
- ● Geistheilungsseminare
- ● Heilung des inneren Kindes
- ● Clearing und Rückführungen
- ● Spirituelle Lebensberatung & Channeling